2024

kiefer
Schwarz

& linde
Rosa

Aphorismen
Gedanken
Splitter

1. Auflage 2024

Andree Amelang
andreeamelang@web.de

ISBN 978-3-7693-2189-0

Verlag: BoD · Books on Demand GmbH,
In de Tarpen 42, 22848 Norderstedt
Druck: Libri Plureos GmbH, Friedensallee 273,
22763 Hamburg

Wer clever ist,
springt nachts über seinen Schatten.

~

Der Hand des Volkes entflieht das Geld wie Quecksilber.

~

Frauen und Ausländer sind nicht immer zu verstehen.

~

Man sollte nicht alles glauben, was auf Visitenkarten steht!

~

Einem Leben ohne Hoffnung fehlt Ziel und Würde.

~

Alles spricht Bände, die kaum jemand liest!

~

Um die Welt zu lenken, bedarf es mehr als nur starke Sprüche.

~

Wer es gut meint, wird selten völlig verstanden.

~

Lieben und lieben lassen!

~

Nachlassgerichte werden beim Leichenschmaus serviert.

~

Selbst Tierschützer schießen gelegentlich den Vogel ab.

~

Der mit dem Strom Schwimmende kommt nicht zu Ehren.

~

Jeder Tag fortgesetzter Mittelmäßigkeit ist ein verlorener.

~

Wirkliche Vollkommenheit wäre menschlich gar nicht nutzbar.

~

Dem Unersättlichen bleibt stets etwas zu wünschen übrig.

~

Loslassen – ja, aber niemals von den Pflichten und Aufgaben.

~

———

Wer Öl ins Feuer gießt, verhält sich nicht ökologisch.

~

Drahtzieher verlegen keine Kabel.

~

Ich denke nach, also bin ich am Werke.

~

Das Ei, mit dem alles begann, war gewiss kein goldenes.

~

Mit einem steten Tropfen gibt sich kein Alkoholiker zufrieden.

~

Letzte Worte (die): „In fünf Minuten beginnt meine Serie!"

~

Nicht immer verbindet eine Brücke identische Welten.

~

Einer Frau Himmelreich ist ihr Kleiderschrank.

~

Fallschirmspringer (der): vom Himmel hoch, da kommt er her.

~

Das größte aller Länder ist zweifellos das Ausland.

~

Mir fiele kein Beispiel ein für ein ausweglobes Unglück.

~

Beim Seitensprung tritt man mit seiner Liebe neben sich.

~

Meist ist die Sehnsucht größer als der gewünschte Gegenstand.

~

Plan B muss her und nicht die Lightversion von Plan A.

~

Erst die Politik ändern, dann die Gesellschaft.

~

———

Allein dem Zufall zu vertrauen, kann böse enden.

~

Spiegel (der): ein optischer Scharfrichter.

~

Es muss jung sterben, wer es nicht versteht, alt zu werden.

~

Selbst in einem Musterhaus findet sich eine krumme Ecke.

~

Abendstund' hat Plaque im Mund …

~

Beim späten Rückblick sieht man alles viel versöhnlicher.

~

Für großes Glück existiert Platz in der kleinsten Hütte.

~

Vorsehung (die): ein Sonderfall von Zufall.

~

Soziale Netzwerke (die): Was für eine irreführende Bezeichnung!

~

Im Formelwald fühlen sich Denker am wohlsten.

~

Längeres Zuhören führt meist zum Einschlafen.

~

Nichts auf dem Kasten haben und ein großes Brett davor …

~

Geschieht ein Wunder, bleibt's von den Leuten unbemerkt.

~

Das Schaltjahr verleiht dem Leben einen zusätzlichen Tag.

~

„Tja …" ist keine Antwort!

~

———

Im Westen nichts Neues und im Osten gewöhnliches Chaos.

~

Das Glück kommt nicht wie gewünscht oder bestellt.

~

Kein Draußen ist außerhalb der Welt.

~

Buchinhalte sind konservierte Denkleistungen.

~

Einen Menschen zu bekehren, klappt besser, als ihn nur zu belehren.

~

Der Missbrauch von Menschen hat viele Gesichter.

~

Familienstreitigkeiten sollten unvermarktet bleiben!

~

Ein Mensch ohne Zuhause ist ein Streuner.

~

Leute, die auf der Strecke bleiben, betrachten die Landschaft.

~

Wissenlos – machtlos – gewissenlos …

~

Der Reibach mäandert nur dort, wo reichlich Geld fließt.

~

Mitdenken – ja, aber in wessen Sinne?

~

Keine Ideologie hält vor der Ewigkeit stand.

~

Heureka und fataler Irrtum liegen eng beieinander.

~

Sprich im Jargon, nur so erreichst du den Letzten.

~

———

Harmlos sind alle, denen sich keine Gelegenheit bietet.

~

Geduldiger als Papier sind nur Genehmigungen.

~

Nicht alles, was zum Himmel schreit, wird dort erhört.

~

Der Hufschmied verdient nicht viel an Pegasus.

~

Viele zeigen sich nur dann tapfer, wenn andere zuschauen.

~

Der Blick eines Diebes gilt stets dem Nächstliegenden.

~

Der Kopf wackelt sowohl bei der Verneinung als auch beim Ja-Sagen.

~

Das große Geld nehmen wir auch in kleinen Scheinen.

~

Mit leeren Händen kommen und mit vollen Taschen gehen …

~

Öffentlichkeit (die): Gemeint ist in erster Linie das Volk.

~

Auch der Finanzhai, der hat Zähne …

~

Ein Sturm selektiert die Standhaften.

~

Am meisten lächeln jene, die nicht im Bilde sind.

~

Nicht jeder Außenseiter lotet im Alleingang neue Wege aus.

~

Am intensivsten pokern Fanatiker mit ihrem Leben.

~

———

Viele Bedienungsanleitungen spotten jeder Beschreibung.

~

Ganz nebenbei bricht niemand einen Rekord.

~

Lesende Menschen sind nicht automatisch auch gebildete.

~

Der Mensch ist der größte aller kleinen Faktoren …

~

Ballast abzuwerfen, zählt nicht unter Verlust.

~

Ein Geschenk verpflichtet zum Gegengeschenk!

~

Was einem bis in die Träume verfolgt, sollte zu denken geben.

~

Jugend (die): Ära der Schmerzlosigkeit auf Zeit.

~

Holzköpfe haben es gut, sie benötigen kein Brett davor.

~

Der Liebesrausch kommt ohne Flascheninhalt zustande …

~

Lass es nicht so weit kommen, dass nichts mehr geht.

~

Der weiseste Mann stolpert über einen leblosen Stein.

~

Den Toten sind wir schuldig, ihre Werke fortzuführen.

~

„Leidenschaft mit ganzer Kraft" – ja, es reimt sich sogar!

~

Geiz ist geil, vorausgesetzt, ein anderer bezahlt.

~

Nicht alle Menschen mit Biss verfügen über gesunde Zähne.

~

Nicht jeder Schiefgewickelte ist eine Mumie.

~

Gehirnwäsche geschieht bei 37 Grad Körpertemperatur.

~

Unentschlossen – so gibt sich der Mensch am häufigsten.

~

Leidenschaft setzt ein klar umrissenes Ziel voraus.

~

Wer blind vertraut, kann nicht kritisch sein.

~

Wer an ein Schicksal glaubt, misstraut den eigenen Kräften.

~

Ihm sind die Hände gebunden. Wie soll er da arbeiten?

~

Mit der Geburt wurden wir zum Leben verpflichtet.

~

Wer Neues vorschlägt, muss sich als Ketzer bezeichnen lassen.

~

Nicht jeder, der wenig Geld besitzt, gilt tatsächlich als arm.

~

Keine Freiheit ist gratis zu erlangen.

~

Sehnsucht bindet sich an eine ideelle Droge.

~

Stille (die): Tödliche Ruhe.

~

Gleichgültigkeit bringt die Menschheit ins Grab.

~

Wo die Gewohnheit regiert, hat das Neue keine Chance.

~

Des einen Schätze sind einem anderen bedeutungslos.

~

Auch mit grauen Haaren geht das Leben kunterbunt weiter …

~

Hoffentlich bin ich zu Hause, wenn meine Stunde schlägt.

~

Ich bin Mensch unter Menschen, so ehrlich muss ich sein!

~

Lieber Vorbild sein als zum tragischen Beispiel herhalten.

~

Störet den Kreis meiner Prioritäten nicht!

~

Unfähig, das Ganze zu erfassen, denkt er sich seinen Teil.

~

Auch wer in den Tod springt, legt dennoch Hand an sich.

~

Naturgeräusche gelten nicht als Krach.

~

Sich anzumalen, bedeutet schminken oder besaufen.

~

Besonnenheit ist keineswegs an das Tageslicht gebunden.

~

Kein Verschwiegenes bleibt auf ewig im Dunkel.

~

Alkohol (der): Spiritus Rektor der Trunkenheit.

~

Die Zeit vergeht zwar, aber nähert sich nie dem eigenen Ende.

~

Mit keinem Los lässt sich Zeit gewinnen …

~

Der Schlüssel zum Glück passt nicht in jedes Schloss.

~

Noch nie bekam jemand passgenau das Erträumte.

~

Seelische Wunden schmerzen anders als körperliche.

~

Gemach, gemach, wir gehen ja gleich ins Schlafzimmer …

~

Es gibt Leute, die allein im Traum zu allem fähig sind.

~

Theorie und Praxis vermögen einander nichts zu beweisen.

~

Ein Kiesel im Schuh macht das Denken unmöglich.

~

Wo steckt der Sinn – im Widersinn, Blödsinn, Wahnsinn?

~

Nicht jeder erlangt beim Älterwerden kostbare Einsichten.

~

Nach dem Maß aller Dinge wird aktuell noch immer gesucht.

~

Der Kampf mit sich selbst wird bei vielen zum Krampf.

~

Genial ist, wer aus einer Binsenweisheit ein Imperium aufbaut.

~

Der Fuchs im Hühnerstall hat freie Auswahl.

~

Erst stand er unter Verdacht, dann saß er lange.

~

———

Wenn du Neues verkündest, ist es selten Gutes.

~

Früher saß man in der Tinte, heute steht man vor dem Drucker.

~

Wer über den Tellerrand schaut, blickt neugierig auf's Dessert.

~

An Quoten entscheidet sich vieles in der Gesellschaft.

~

Der Teufel steckt im Detail und keiner weiß, in welchem.

~

Die innere Stimme benötigt keine Hilfe von einer Souffleuse.

~

Der Aberglauben besitzt mehr Leben als zehn Katzen.

~

Schweigen ist Gold, verschweigen ein Verbrechen!

~

Glück und Erfolg lässt sich leider nicht vererben.

~

Lieber von Wahrheit verhaftet, als von Polizisten abgeführt.

~

Die Sonne geht auf – kein Grund für C., um aufzustehen.

~

Alles zu seiner Zeit – das werde ich nicht mehr erleben.

~

Klartext ist eine höchst selten gesprochene Sprache.

~

In Abwandlung wird jedes Unmögliche möglich.

~

Aktuell beginnt ein Wald dort, wo der Kahlschlag endet.

~

Gar nichts tun zu wollen, widerspricht dem Menschsein in Gänze.

~

Auf dem goldenen Mittelweg heben sich beide Extreme auf.

~

Nicht immer trägt die nackte Wahrheit weibliche Attribute.

~

Der Stein der Weisen ist vermutlich nicht von dieser Welt.

~

Die Zeit ist schnelllebig und Zeiten können hart sein.

~

Vom Kredit ist es nur ein kleiner Schritt zum Bankrott.

~

Die Zeit fließt ruhig dahin, sie kennt weder Stau noch Knoten.

~

Neue Erkenntnisse heben den Irrtum auf eine höhere Ebene.

~

Einer, der in die Luft geht, beabsichtigt nicht, dort zu wandern.

~

Ein Vorbild taugt nur zum Idol in seinem Fache.

~

In vieler Leute Geldbörse existiert die Finanzkrise weiter.

~

Das „Autsch!" bestätigt phonetisch ein Ausgleiten.

~

Nicht jede Sackgasse verfügt über einen Wendehammer.

~

Weise Menschen wachsen nicht auf Bestellung nach.

~

Marktanteile lassen sich nicht homogen ausnivellieren.

~

In den Büchern steht das Wissen von und für Generationen.

~

Lesen ohne dazuzulernen ist ein tragischer Zeitvertreib.

~

Billige Ausreden agieren unter der Discount-Gürtellinie.

~

Gott ist mein Zeuge, aber er wird nicht für mich aussagen.

~

Fernsehen (das): die tägliche Parade der dummen Gesichter.

~

Die Ewigkeit entspricht unendlich oft einer Stunde.

~

Absolute Stille deutet das Fehlen sämtlichen Lebens an.

~

Der Strom der Zeit pflegt niemals abzureißen.

~

Die gesellschaftliche Welt lebt von den Taten jedes Einzelnen.

~

Unter Verschluss gehaltene Akten sind eben keine vernichteten.

~

Kopfrechnen gilt heute als antiquiertes Tun.

~

Niemand besitzt ein Recht auf rechtes Gedankengut.

~

Jeder muss zu sich selbst finden, ohne zu viel zu erwarten.

~

In der Ruhe liegt die Kraft zum Nichtstun.

~

Was eine Mehrheit tut, gilt als Normalität.

~

Selbst das Ausgraben von Fossilien erweist sich als Knochenarbeit.

~

Wer Wert legt auf Masse, tritt die Klasse mit Füßen.

~

Selbst ein Profi löst nicht jede Aufgabe im ersten Anlauf.

~

Jeder wächst mit dem, was ihm nicht über den Kopf wächst.

~

Wir sind Konkurrenten, aber keinesfalls Feinde!

~

Gegenüber jeglichem Anschein ist stets Vorsicht geboten.

~

Zurück zur Natur, aber nur mit Fastfood im Gepäck!

~

Allein mit Gold vermag niemand zu glänzen.

~

Mit dem Letzten stirbt auch die Hoffnung.

~

Allein in der Mode wiederholen sich die Stoffe.

~

Selten genug laufen Preis und Leistung Hand in Hand.

~

Was in den Illustrierten steht, gibt nicht die Realität wieder.

~

Sind alle nackt, wessen sollte sich der Einzelne schämen?

~

Die Würfel sind gefallen, wenn auch nicht ins Bodenlose.

~

Kaum ein Pensionär knirscht mit eigenen Zähnen.

~

Jedem steht die Welt offen, einschließlich der Falltüren.

~

Jedes Ärgern beschneidet die Kreativität.

~

Wer sich Illusionen hingibt, lebt seelenruhig in einer Scheinwelt.

~

Früh übt sich, wer den Anschluss nicht verlieren will.

~

Ein Mensch, der Ziele hat, kann nicht trübsinnig werden.

~

Die wirklich glücklichen Tage im Leben sind (ab)gezählt.

~

Selbst die Tugendpfade säumen Abfälle und Verpackungen.

~

Nach einem „Schluss mit lustig!" bleibt nur noch die Satire.

~

Lass den Träumer in Ruhe, und er macht keinerlei Ärger!

~

Ob Insider oder Outsider – alle sind online.

~

Der Wille des Chefs geschehe.

~

Neid zeigt sich äußerst vielgestaltig.

~

Am schwersten lichtet sich der geistige Nebel.

~

Genieße das eine, ohne dabei auf ein anderes zu schauen.

~

Selbst wer allein lebt, schafft dennoch für andere mit.

~

Leute, die zu allem fähig sind, werden jeden enttäuschen.

~

Um große Reden zu schwingen, bedarf es keines Mikrofons.

~

Wer sich den Anforderungen stellt, liegt völlig richtig.

~

Sinnsuche und Wahrheitsfindung dauern lebenslang an.

~

Innehalten bedeutet nicht, stehen zu bleiben.

~

Reichtum, Reichtum über alles …

~

Zum Googlen ist man nie zu alt.

~

Die Welt ist das Heim des Menschen im Großen gedacht.

~

Nie sollst du mich befragen, ich bin so ahnungslos wie du.

~

Meist bekommt der Augenzeuge auch phonetisch alles mit.

~

Vornehmlich schwärmt der Mensch vom ihm Unerreichbaren.

~

Mit den alten Denkmustern ist nicht mehr solide zu stricken.

~

Ewig jung zu sein hieße auch, niemals zur Ruhe zu kommen.

~

Beginnt grünes Denken mit weichendem Grün hinter den Ohren?

~

Der innere Schweinehund gilt als untherapierbar.

~

Das Recht ist auf der Geldseite.

~

Neue Pläne dürfen nicht auf alten Bewertungen basieren.

~

Kein Wort gilt dem Geld, wo wirkliche Gerechtigkeit herrscht.

~

Jeder, der Wissen vermittelt, lernt selbst niemals aus.

~

Entspannt angeln lässt sich selbst in einem See ohne Fische.

~

Die Zeiten sind vorbei, wo jeder noch Zeit hatte …

~

Sich an jemanden zu verlieren, ist Teil der Selbstfindung.

~

Beim Ringen um Worte kommen meist nur Phrasen zustande.

~

Trost spenden kostet nichts.

~

Ohne Wald und ohne Moos ist in der Natur nichts los.

~

Der Weg zum Glück ist kein Zuckerschlecken.

~

Manch Chef spielt sich auf, als wäre er der Herr persönlich.

~

Selbsterkenntnis und Selbsttäuschung liegen eng beieinander.

~

Das Leben ist schön, wenn auch teuer.

~

Wer seine Wunden leckt, tut es aus Mitleid mit sich selbst.

~

Die ewige Treue gilt heutzutage als seltenes Gut.

~

Missbräuche haben nichts mit Bräuchen zu gemein.

~

Wo Fachwissen gefragt ist, hilft kein Instinkt.

~

Tritt der Ernstfall ein, sind die Offiziellen überfordert.

~

Gedankenschrott lässt sich meist nicht recyceln.

~

Kampf der Kulturen: zu sehen auf überlagertem Joghurt.

~

Klares Wasser (das): ungleich einem chemisch reinen.

~

Nicht jeder, der über Bord geht, landet im Wasser.

~

Eigener Herd ist aller Trennung Konsequenz.

~

Eine Ehe ist das, was man daraus macht!

~

Auch der geschenkte Gaul muss gelegentlich zum Tierarzt.

~

Im erweiterten Sinne landen wir alle auf dem Komposthaufen.

~

Einmal begonnen, führen Kriege ein striktes Eigenleben.

~

Kompromisse stellen die Grundlagen des Friedens dar.

~

Vom Zauber der Kindheit zehrt der Mensch ein Leben lang.

~

An einen „Aha!" erkennt man noch keinen Fachmann.

~

Selbstbefriedigung (die): man könnte auch Individualverkehr sagen.

~

Jeder Wahlkampfslogan verfügt über eine kurze Geltungsdauer.

~

Ein gescheiterter Bauer taugt nicht zum Agrarminister.

~

Einen Urknall gibt es auch in jeder menschlichen Beziehung …

~

Auf einer Lüge lässt sich kein Beständiges erbauen.

~

Einsam und unbesiedelt wird die Welt zugrunde gehen.

~

Der Wecker beendet den menschlichen Stand-by-Modus.

~

My Home is my privates Chaos.

~

In einer Stadt ohne Tauben ist den Bewohnern nicht zu trauen.

~

In der Philosophie steckt sehr viel Subjektivität!

~

Nicht jedem, der Glück hatte, wird neidlos zugejubelt.

~

Nicht alle, die auf Erden wandeln, laufen ganz rund.

~

Gemeinsame Betroffenheit löst keinerlei Probleme.

~

Wer sich in seinem Metier auszeichnet, der wird ausgezeichnet.

~

———

Weglassen (das): ungleich dem Verschweigen.

~

Es gelingt nicht jedem, sein Dasein mit Leben zu füllen.

~

Es existiert kein Buch, welches ohne kritische Stimmen bleibt.

~

Alles nebenbei Getane ist praktisch wertlos.

~

Der Rubel rollt, und das gewöhnlich an mir vorbei.

~

Wenn die Bayern spielen, fallen sogar Revolutionen aus.

~

Ein Glück auf Raten existiert nicht!

~

Unerfüllte Träume wiegen lebenslang schwer.

~

Morgen ist auch noch ein Traum.

~

Wieso Windei – der Wind verteilt doch Samen!

~

Ein Mann – ein Wort; ein Politiker – eine Phrase.

~

Der Mensch darf freilich träumen, aber ohne Übertreibung.

~

Nimm mich, wie ich bin, denn ich entwickle mich weiter.

~

Die heutigen Helden haben viele, viele Follower.

~

Mit Warten sollte niemand seine Zeit verbringen.

~

———

Selbst wenn ich sitze, stehe ich zu meinen Zeilen.

~

Man sucht nach Anregungen und findet nichts als Aufreger.

~

Selbst auf ausgetretenen Pfaden sind noch Lorbeeren zu ernten.

~

Wer lange verharrt, muss sich intensiv gedulden.

~

Nicht nur Windkraftwerke, auch Fahnen in den Wind hängen …

~

Wer war zuerst da – der Baum oder der Axtstiel?

~

Über genug verfügt der Mensch nur für den Augenblick.

~

Worte, die mir ausgesprochen schwer fallen, schreibe ich auf.

~

Von großer Eigenart sind all die Eigenartigen.

~

Bei einer Weinprobe bleibt es oft nicht …

~

Der Mittelmäßige versucht sich höher zu stellen durch Angabe.

~

Verrückt kann man sein, muss sich aber zu vermarkten wissen.

~

Ein defekter Wecker verhindert die Wiederaufstehung.

~

Der Knoten im Taschenbuch kann alles bedeuten.

~

Wenn etwas bleibt, dann eher Hoffnung als Angst.

~

———

Umarme kurzerhand einen Baum, so lange noch welche stehen.

~

Der Sinn des Lebens ist des Lebens sechster.

~

Niemand hat mehr Zeit, gerade so bleibt Zeit zu leben …

~

Von dem, was bleibt, ruft die Hälfte Wehmut hervor.

~

Allein steht Gott auf weiten Himmelsfluren …

~

Ein alkoholkranker Mensch trinkt sich seine Probleme schön.

~

Der restlos Zufriedene setzt sich nieder und steht nie mehr auf.

~

Kein ausgetretener Pfad ist pantoffeltauglich.

~

Zur Morgenstund' gehört die Zahnbürste in den Mund.

~

Als Fachmann taugt er wenig, als Feind ist er ernst zu nehmen.

~

Wollen wir uns das antun oder lieber auf andere abwälzen?

~

Prostituierte (die): ein öffentliches Verkehrsmittel.

~

Jede schweigende Masse strebt auf einen kritischen Punkt zu.

~

Jeder, der forscht, kennt den Irrtum gut …

~

Ein fragwürdiger Freund bleibt immer ein Wackelkandidat.

~

Die Zeit heiligt einige ausgewählten Wunden.

~

Jedes gepresste „Ja!" klingt erzwungen und unglaubwürdig.

~

Die Leute warten auf ein Wunder, aber jeder auf ein anderes.

~

Wer den Dienstweg nimmt, muss viele Schritte tun.

~

Zwischen faul und fleißig liegen dutzende weitere Welten.

~

Kein Auskommen ohne Aushalten.

~

Den letzten Schnee nahm er in Überdosis …

~

Selbst das stärkste Pferd kommt über ein PS nicht hinaus.

~

In Friedenszeiten explodiert allein die Weltbevölkerung.

~

Discount-Erfahrungen sind nichts als Schall und Rauch.

~

Wahre Liebe erwähnt mit keinem Wort das Geld.

~

Nicht jeder, der in sich geht, kehrt aufgeräumt zurück.

~

Die meisten Ideen scheitern an bürokratischen Hürden.

~

Gesunder Menschenverstand (der): kaum etwas ist relativer!

~

Die mit dem Strom schwimmen, werden doch nicht nass.

~

Beim seriösen Umgang mit anderen gibt es kein Spiel.

~

Eine einzelne große Wolke macht noch kein schlechtes Wetter.

~

Steht eine Säuberung an, kann es durchaus eine Razzia sein.

~

Wer keine Zeit zu haben glaubt, lebt dennoch nicht zeitlos.

~

Von sich auf andere schießen – das ist Krieg!

~

Heute bestimmt die Verantwortungslosigkeit das Sein.

~

Der Wunsch allein macht die Zukunft nicht lebenswert.

~

Nach dem Ableben ist Schluss mit Zeit totschlagen!

~

Wer Umwege geht, sieht mehr von der Welt.

~

„Mit ganzem Einsatz" geschieht oftmals gar nichts.

~

Erst das „Ja!" zum Ich versöhnte mich mit meinen Fehlern.

~

Lieber am Ende aller Ziele als völlig am Ende.

~

Lieber betrüge ich mich selbst, ehe es ein anderer tut.

~

Ein Weg ist vorhanden, aber weit und breit kein Wille zu sehen.

~

Manch Werdegang führt gradewegs in den Untergang.

~

Wer mit seinem Reichtum prahlt, fordert das Schicksal heraus.

~

Wer offene Türen einrennt, wird leere Räume vorfinden.

~

Das Schicksal meldet sich nicht Wochen vorher an.

~

Arme Mammuts (die): trotz dickem Fell starben sie aus.

~

Die Gedanken sind frei – auch von Konservierungsstoffen?

~

Er war seiner Zeit voraus, aber nicht mit seinen Erkenntnissen.

~

Anpassung geschieht unter Verzichtet auf eigene Meinungen.

~

Ehrlich währt das Warten auf eine Genehmigung am längsten.

~

Das Jammertal ist bekannt für seine gute Akustik.

~

Wer mit dem Strom schwimmt, sollte nicht unter Strom stehen.

~

Recht bekommt, wer es sich leisten kann.

~

Kaum einer schreitet ein, aber alle schreien mit.

~

Humor muss sein, jedoch nicht auf Kosten anderer.

~

Der Einsicht ist die Ansicht vorgeschaltet.

~

Silberlinge stehen auf ewig synonym für Verrat.

~

Ehrlichkeit steht fast schon auf der Roten Liste.

~

Kein Diktator mag kluge Menschen.

~

Abwarten bedeutet keinesfalls Nichtstun!

~

Eine Autorität ist synonym dem Mercedes unter den Autos.

~

Mutig ist, wer der Angst feige gegenübertritt!

~

Einen Sieger trennen Welten vom ewigen Gewinner.

~

Er glaubt, synchron zu schreiten, und läuft nur nebenher.

~

Der Bürger ist dem Staat steuerlich unentbehrlich.

~

Der Mondschein tritt als Sponsor vieler Phantasien auf.

~

Das Glück zu zweit bleibt für Singles unerreichbar.

~

Genuss in Überdosis führt zu Überdruss.

~

Lückenlose Siegesserie (die): ein verhängnisvoller Irrglaube.

~

Standhaft überlebt man die Einzelhaft.

~

Geliebte (die): klingt viel gehaltvoller als „Freundin".

~

Es klagt der Mensch trotz vollgestopfter Speicher!

~

———

Eigensinn ist sinnlos, wenn nur eine Lösung existiert.

~

In einer Arbeitswoche lassen sich keine Reiche aufbauen.

~

Das Chaos birgt Chancen für ein ganzes Universum.

~

Wie auf den Ikonen dargestellt, so hätten wir die Heiligen gern.

~

Der Tod bringt sterile Ruhe in die Welt!

~

Wir leben von der Hand in die Konservendose …

~

Schlimm ist all das, was uns nicht in den Kram passt.

~

Er hasst abgrundtief, ohne selbst am Rand zu stehen.

~

Hoffnungsvoll verharren kann schließlich jeder!

~

Gibst du einem Menschen Geld, füllst du seine Börse nie.

~

Zwischen glaubwürdig und zweifelhaft liegen Welten.

~

Ich-AG (die): Klingt das nicht reichlich egoistisch?

~

Wer sich alle Zeit der Welt nimmt, zahlt am Ende drauf.

~

Manchmal passen Männer und Frauen eben doch zusammen …

~

Auch wer fest an seine Sache glaubt, muss fortschreiten.

~

Bei Licht betrachtet, klärt sich manch Irrtum auf.

~

Eine Verkettung von Ahnungen führt nicht zu Gewissheiten.

~

Neue Töne knüpfen sich nicht zwingend an ein Musikstück.

~

Das Beste an den Illusionen sind die bunten Illustrationen.

~

Manch Mehrfachgewinner lernt nie wirklich hinzu …

~

Jenen Leuten ist nicht zu trauen, die ein heißer Ofen kalt lässt.

~

Wer vortäuscht, täuscht im Grunde sich selbst.

~

Negative Erwartungen sind Gift für ein Date.

~

Tod (der): Einschlafen ohne Chance auf ein Wiedererwachen.

~

Eine Rechnung, die aufgeht, legt auch Schwachstellen offen.

~

Freiwillig ist niemand gern Untertan!

~

Zeit (die): der nie endende Wechsel von alt auf jung.

~

Wirkliche Kunst wird niemals zur schnöden Alltäglichkeit.

~

Niemand benötigt sämtliche Informationen der Welt.

~

Der Zeitgeist suggeriert, was die Leute zu denken haben.

~

———

Wer die platonische Liebe favorisiert, ist ein Theoretiker.

~

Heilige gibt es genug, indes es fehlt an Menschen.

~

Neutral zu sein beinhaltet nicht, alle anderen zu neutralisieren.

~

Guten Menschen ist Fremdenhass fremd.

~

Andere Kulturen – andere Götter!

~

Beim Immer-der-Nase-Nach fällt oben und unten glatt durch.

~

Erst war er seiner Zeit voraus, dann verpasste er ihr Eintreffen.

~

Auf Dauer kann sich niemand seines Lebens sicher sein.

~

Der Mensch degeneriert an den Aufgaben, die er nicht erfüllt.

~

Raschelt jemand mit Papier, denken alle gleich an Geld.

~

Auf Hosen, die perfekt sitzen, bin ich ganz versessen.

~

Die Braut auf Rosen zu betten – das bringen nur Sadisten fertig.

~

Gespenster glauben nicht an ihresgleichen.

~

Die Wünsche der Leute bestimmen ihr Denken.

~

Wer Bescheidenheit von anderen erwartet, muss sie vorleben.

~

Zumindest gedanklich erreicht jeder sein Ziel.

~

Schwer vorstellbar, dass es bescheidene Milliardäre gibt.

~

Geister sind Gespenster, die sich Gedanken machen.

~

Zwischen Leben und Tod herrscht Steuerpflicht.

~

Was der Fuchs nicht holt, klaut sich der Nachbar.

~

Es kann in 1001 Nächten gar vielerlei passieren.

~

Beherzte Leidenschaft spricht für den Menschen.

~

Bürohengste gleich Prinzipienreiter.

~

Die Stunde der Wahrheit ist meist von kurzer Dauer.

~

Es geht zu weit, wer sich vom Grundsatz strikt entfernt.

~

Reden beinhalten unterm Strich doch nur Ausreden.

~

Zumindest nachts steckt jeder unter einer Decke …

~

Jeder Tag kommt und geht im Dunkeln …

~

Papier mag geduldig sein, nicht jedoch der Aphoristiker.

~

Erst das Chaos, dann die Degeneration.

~

———

… und er ging seines Weges, abseits des Weges zum Ziel.

~

„Gegner" klingt allemal besser als „Feind".

~

Wer sich mit Überschriften begnügt, erspart sich viele Details.

~

Geist *versus* Brechstange – das geht niemals gut.

~

Mit dem Baumeln am Strick endet das Hängen am Leben.

~

Aus Sicht der Citybewohner gehört die Vorstadt zur Provinz.

~

Sie wissen, was sie tun, und können dennoch ruhig schlafen.

~

Alt wird, wer keine Pläne mehr macht.

~

Die Partei der vereinigten Ichs muss zweifellos scheitern.

~

Viele gelangen zu Ämtern, einige darin auch zu Würden.

~

Nicht jeder, der Schwein hat, lebt vegan.

~

Jede Generation bringt neue Standpunkte ein.

~

Wege gilt es zu gehen, lange bevor diese befestigt werden.

~

Jeder Blick hinter die Kulissen bewirkt eine Ernüchterung.

~

Wenn die Schrift nicht mehr ausreicht, müssen Melodien her.

~

Pro Person gibt es exakt ein Leben und genau einmal Freiheit.

~

Auf jedes Staubkorn, das von uns bleibt, dürfen wir stolz sein.

~

Nicht jeder Schnee von gestern ist substanzieller Natur.

~

Praktisch in jedem Metier macht man eine Pubertät durch.

~

Alles, was praktikabel ist, kann nicht wertlos sein.

~

Jeden Tag beginnt eine neue Zeit.

~

Reichtum allein ist kein Garant für umfassende Zufriedenheit.

~

Sparsamkeit gilt als Verrat an der Konsumgesellschaft.

~

Wer über sich selbst lachen kann, hat über's Jahr viel zu tun.

~

Nur Worte, die über eine Masse verfügen, haben auch Gewicht.

~

Durch Rückzug lässt sich kein Blumentopf gewinnen.

~

Karriere und Skrupel passen nun einmal nicht zueinander.

~

Begeisterung zieht Freude am Getanen nach sich.

~

Tatsächlich mündig ist, wer sich exakt zu artikulieren weiß.

~

Über allen Gipfeln ist Ruh', unten im Tal brennt noch Licht …

~

Probleme gilt es zu lösen, statt auf andere abzuwälzen.

~

Der schiefhängende Haussegen ist kein Fall für den Statiker.

~

Nicht jeder Brückenschlag ergibt ein tragfähiges Konstrukt.

~

Ein Esel zu sein bedeutet, nicht Reiter dulden zu müssen.

~

Man kann von Glück reden, ohne tatsächlich welches zu haben.

~

Ein zu viel an Glück und Erfolg verbiegt den Charakter.

~

Niemand darf schweigen, wenn es um die Zukunft aller geht.

~

Als heimatlos ist zu bezeichnen, wer an nichts glaubt.

~

Das letzte Fell wird nicht von einem Menschen versoffen.

~

Längst hielt der Marktplatz Einzug in die virtuelle Welt.

~

Nicht alle, die hoffen, berufen sich auf das fachlich Richtige.

~

Nicht jeder Fackelträger hantiert mit offenem Feuer.

~

Was nützen Pläne, die nur Pläne bleiben?

~

Lieber Letzter werden, als das Letzte sein.

~

Wissen und glauben lassen …

~

Für das eigene Versagen kann man sich nirgendwo beschweren.

~

Der Mensch wird geadelt durch die Ergebnisse seiner Arbeit.

~

Gutes geschieht, Schlimmes passiert.

~

Die meisten, die vom Geld reden, träumen nur laut davon.

~

Er kam, sah das Elend und ging wieder.

~

Mut allein beinhaltet noch kein Konzept zum Erfolg.

~

Allein in der Waschstraße steht kein einziges Verkehrsschild.

~

Nicht in allen Händen erweist sich Geld als glitschig.

~

Du musst stark sein, wenn du die Wahrheit erfährst!

~

Für den Egoisten existiert kein Sein, nur: „Alles ist mein!"

~

Die Schmetterlinge im Bauch flattern aus vielerlei Gründen …

~

Wenn es höchste Zeit ist, ist es meist schon zu spät.

~

Legt einer den Finger auf die Wunde, folgt großes Geschrei …

~

Keinem Menschen lächelt das Glück ein Leben lang zu.

~

Mit sieben Tagen Sonntag wäre der Letzte nicht zufrieden.

~

Der Dritte lacht, da er keine Konfliktpartei ist.

~

Zwei streiten, der dritte lacht, der vierte schaut weg.

~

Geld und Ruhm teilt der Mensch äußerst ungern.

~

Es überlebt, wer den Zufall für sich zu nutzen versteht.

~

Sponsoren sind stets indirekt beliebt.

~

Allein vom Daraufzuschreiten weicht keine Grenze zurück.

~

Niemand eignet sich für alles, aber nur wenige geben es zu.

~

Längst wurde Gott durch den Mammon Geld ersetzt.

~

Kniefall (der): Belastungsprobe für die Gelenke.

~

Alle großen Probleme begannen einst als unbeachtete kleine.

~

Nimm dein Leben in die Hand, statt die Beine unter die Arme.

~

Familie im erweiterten Sinne – das sind die Mitarbeiter …

~

Jede Erfolgsleiter hat eine letzte Sprosse …

~

Der Inhalt einer Hausbar verrät viel über einen Menschen.

~

Viel Spaß versteht, wer sich selbst karikiert.

~

Wenn man vergeblich nach der Uhr sieht, wurde sie geklaut.

~

Das Leben fordert sein Tribut, nicht nur der Kaiser.

~

Nicht jeder mit einem Stock in der Hand ist ein Dirigent.

~

Der Friseur präsentiert die Rechnung – schöne Bescherung!

~

„Nur Mut!" bedeutet: „Du machst das schon!"

~

Platz ist bekanntlich in der kleinsten Liebeslaube …

~

Auf Leute, die nur drei Zahlen kennen, kann niemand zählen.

~

Vorteile gibt es leider immer nur als Bruchstücke.

~

Der Mensch kann nicht fliegen, auch der schräge Vogel nicht.

~

Wo die Liebe hinfällt, kommt kein Unbeteiligter zu Schaden.

~

Das arme Schwein – ein klarer Fall für den Schlachter.

~

Nicht jeder anfallende Mist landet letztlich auf einem Acker.

~

Nimm das Leben leicht, die schweren Jahre kommen erst noch!

~

Spaßverderber (der): natürlicher Feind des Spaßmachers.

~

Kaum einer, der dran glauben muss, tut dies freiwillig.

~

Lieber ein Buch vorlesen lassen als eines leasen.

~

Nicht jeder, der preiswert arbeitet, ist einen Preis wert.

~

Das Schlusswort endet mit der letzten Fußnote.

~

Wer die Überschrift kennt, ist noch kein Mitwisser.

~

Erst etwas tun, dann macht es sich vielleicht bezahlt.

~

„Leute, kauft! Ich appelliere an eure Dummheit!"

~

Einer, der Ruhe sucht, meint nicht die Totenstille.

~

In der Politik herrscht ständig die fünfte Jahreszeit.

~

Jeder Mensch hat einen Schatten; so oder so …

~

Nichtdenkende leben zwar, sind aber dennoch nicht ganz da.

~

In 1001 Nächten ist Platz für viele, viele Träume.

~

Weiße Ostern verlockt zum Verstecken von ungefärbten Eiern.

~

Rücksicht kommt nie daher ohne entsprechende Vorsicht.

~

Weisheit ist Wissen in Zeiteinheit.

~

Nicht immer kommt das Einsehen auch im Gehirn an.

~

Um glücklich zu leben, bedarf es weder Sekt noch Kaviar.

~

Zu hohe Erwartungen führen auf direktem Weg zum Scheitern.

~

Meist spricht er würdevoll, allein tut er nichts so.

~

Zum Trübsal blasen bedarf es keinerlei Notenkenntnis.

~

Wer wenig hat, muss nicht viel aufräumen.

~

Wer auf die neue Zeit wartet, verpasst ihren Beginn.

~

Wer allen aus dem Weg geht, muss niemand grüßen.

~

Zu viel Pech ist ungesund, ebenso ein Übermaß an Glück.

~

Wer sucht, verliert sich im Detail.

~

Dümmer for one? So blöd kann kein Mensch sein!

~

Wenn C. falsch rüberkommt, dann meist zu einhundert Prozent.

~

Nicht jeder, der die Waffe zieht, ist Jäger.

~

Wer Recht bekommt, kann sich dafür nichts kaufen.

~

Zur Tücke des Objekts gehören mit Sicherheit die Neider.

~

Mehrfach Verpacktes ist nur mit Mühe zu entwickeln.

~

Zu irgendeinem Ziel führt jeder Weg …

~

Der Wind weht stärker, und prompt fällt der Erste um.

~

In fremde Genüsse ist von außen gut hineinreden.

~

Die grausame Wahrheit ist eine solche.

~

Weiterbildung ist allemal besser als fortgesetzte Einbildung.

~

Wer sich nicht konsequent Zeit nimmt, wird nie welche haben.

~

Ernüchtert trägt der Mensch seine Illusionen zu Grabe.

~

Vorurteilsfrei forschend, kommt man am weitesten.

~

Selbst Tage wie diese beginnen mit dem Aufstehen.

~

Tragisch, wenn er Süßholz raspelt und sie kein Lakritz mag.

~

Neue Neider bringen weitere Formen der Missgunst ins Spiel.

~

Der Pantomime gilt als Meister des Nonverbalen.

~

Eitelkeit fungiert als Hemmschuh bei vielerlei Tun.

~

Alles, was wuchert, wächst unkontrolliert.

~

Immer der Nase nach gelangt man in des Teufels Küche.

~

Vom Unerforschten fällt der Glitzer ab, sobald es aufgedeckt ist.

~

Zwar macht die Arbeit das Leben süß, die Laune jedoch sauer.

~

Der Tag ist kurz, doch schwierig, ihn sinnvoll zu füllen!

~

Da, wo Menschen auf mich warten, ist meine Heimat.

~

Selbst der eiserne Wille wird im Laufe der Zeit zu Schrott.

~

Ich und anmaßend? Sehe ich wie ein Schneider aus?

~

Weisheitszähne sind verbreiterter als Weisheit.

~

Es wird gelinkt, wer sein Recht nicht hartnäckig verteidigt.

~

Fanatisch sammelnde Büchernarren sind tatsächlich Narren.

~

Wer nach eigenem Maß lebt, beschneidet jedes anerkannt Gute.

~

Erst mit der Korrektur wächst ein Text zum Buch heran.

~

Wo kein Teppich ist, kann keiner drauf bleiben.

~

Selbst in einer Waldschenke bekommt man nichts geschenkt.

~

Kein Nachsehen, ohne den typischen Blick zurück.

~

Wer zu spät kommt, steht vor den Resten des kalten Buffets.

~

Nicht selten dient angehäuftes Wissen allein dem Kokettieren.

~

Älter als alt wird niemand.

~

Wünsche und Probleme lieben es, sich zu verschachteln.

~

Stets meint es der Mensch ernst, aber nicht immer gut.

~

Fast alle Schläge ins Gesicht sind verbaler Natur.

~

Einer, der sich aufspielt, spielt endlos die gleiche Platte ab.

~

Den Toten kann Jegliches egal sein, ihre Mission ist erfüllt.

~

Geldwäsche ist Männersache.

~

Weichei und Knochenjob – das passt nicht zusammen.

~

„Dir werd' ich Beine machen!" – „Wie viele Paare?"

~

Etwas anderes zu beginnen, muss keinen Neuanfang bedeuten.

~

Ein Happy End gibt es nicht einmal mehr in jedem Film.

~

Die Lösungssuche darf als eine eigene Wissenschaft gelten.

~

Verlorene Geduld findet man so schnell nicht wieder.

~

Zum Durchschnitt zu gehören, bedeutet nie allein zu sein.

~

Fast alles gedankenlos Gesagte fällt unter die Kategorie „Spam".

~

Eine Dummheit begeht auch, wer es nicht besser weiß.

~

Wer sich sein Teil denkt, diskutiert nonverbal mit.

~

Niemand hält die Balance, wer über seine Verhältnisse lebt.

~

Um Wege zu gehen, muss man Richtungen kennen.

~

Natur oder Menschen auszubeuten, ist gleichsam ein Verbrechen.

~

Null ist rein gar nichts, Null-Null eine notwendige Örtlichkeit.

~

Die Steigerungsform von Zuversicht lautet „zu zuversichtlich".

~

Ob auch zum Versagen ein gewisses Talent vonnöten ist?

~

Jeder, der sein Fach beherrscht, ist eine bedeutende Person.

~

Ohne durchdachten Plan kommt niemand ans Ziel.

~

Wo tausend Worte nicht alles sagen, sind zehntausend nicht vonnöten.

~

Einmal in Versuchung geführt, fällt das Loslassen schwer.

~

Alles Schlemmen beginnt mit einer Versuchung.

~

Das auf dem Fuße Folgende fällt manchmal schwer drauf.

~

Wer sich zum Tor macht, schießt ein Eigentor.

~

Wenn schon Größenwahn, dann den größtmöglichen.

~

Diebe nehmen sich alles Denkbare, nur kein Beispiel.

~

Einem, der was am Kopf hat, fehlt es darin.

~

Ein Esel ist der Mensch, welcher reich ist an guten Ausreden.

~

Ausgesetzte sind ernsten Gefahren ausgesetzt.

~

Auf den Weg zur Herberge setzte der Herr Berge.

~

Es gibt viel zu tun – aber wer möchte das wissen?!

~

Zwischen Wissen und wissen tun sich mächtige Abgründe auf.

~

Wer nichts kann, vermag sein Bestes nicht zu geben.

~

Ende gut? Man einigte sich darauf!

~

Hoffnungsvolles Nach-vorn-Schauen aktiviert ungeahnte Kräfte.

~

Der Blickwinkel entscheidet, was als Nachteil zu bezeichnen ist.

~

Ich nehme mir ein Beispiel, verrate jedoch nicht welches.

~

Ob aus- oder eingeschlossen – ein Isolierter ist gemeint.

~

Nie galt eine Währung auf Bewährung …

~

Macht Geld-allein-Ausgeben glücklich?

~

Verstehe deine Lebensjahre als verkettete Tätigkeitsetappen.

~

Damals waren wir biologisch jung, heute aus Überzeugung.

~

Gegen die Bürokratie wurde noch nie ein Krieg gewonnen!

~

Das Artensterben lässt den Garten Eden in weite Ferne rücken.

~

Gegenden können nicht merkwürdiger sein als ihre Bewohner.

~

Paragraph 1: Kriege gehen nie vom Volke aus.

~

Einmal in Versuchung geführt, bleibt es nicht dabei.

~

Paradox: Nackte Frauen wirken anziehend!

~

Das Aufhören mit dem Trinken überlebt niemand!

~

Partyhengste feiern die Feste, bis sie fallen …

~

Ein als Glaube Bezeichnetes müsste eher Verbohrtheit heißen.

~

Vorschusslorbeeren gehen meist nach hinten los …

~

Das an sich tote Geld bewegt lebendige Menschen.

~

Die bessere Hälfte hält die Mehrheit der gemeinsamen Aktien.

~

Platz für Schminke ist im kleinsten Gesicht.

~

Vor mir existiert kein Weg – ich muss ihn mir freischneiden.

~

PIN (die): Aus den Augen, aus dem Sinn!

~

Persönliches Aus- und Ansehen liegt stets in eigener Hand.

~

Vorbehalte erwecken den Anschein, Argumente zu sein.

~

Potemkin'sche Personen – das sind die Statisten.

~

Von Menschen und Plänen bleibt leider nur Asche.

~

Viele, die an ihre Grenzen gehen, wollen gar nicht schmuggeln.

~

Alte Menschen, das sind runzelige Kinder.

~

Die Zeit der kleinen Wünsche scheint endgültig vorbei zu sein …

~

Als fragwürdig gilt, wer niemals Antwort gibt.

~

Das Warten auf die perfekte Gelegenheit endet nie!

~

Die nackte Wahrheit muss mehr bieten als „oben ohne".

~

Selbst Wunder bedürfen intensiver Vorbereitung.

~

Die Bewegung auf alten Bahnen wirft kein Neues ab.

~

Aus Sicht der Menschheit gibt es kein zu viel des Guten!

~

Jemand, der Zeit hat, hält nichts Substanzielles in Händen.

~

Ein leichter Anfang versüßt das Beginnen.

~

Die Mutter aller Schlachten wird am kalten Buffet ausgetragen.

~

Bereits der Titel verrät alles: Lehrer sind keine Belehrer.

~

Die größte Lüge aller Zeiten: Am Krieg lässt sich verdienen!

~

Alle Eigenbrötler backen kleine Brötchen.

~

Anderen bei der Arbeit zuzuschauen, dient nicht der Fehlersuche.

~

Alleinstellungsmerkmale gelten als solche immer nur regional.

~

Auch dem größten Genie gelingt es nicht, Wasser zu verdünnen.

~

Selbst wer tausend Jahre lebt, denkt nicht zu Ende.

~

Fehlt es an ehrlichem Willen, hilft kein adaptierter.

~

Wir sind wie die Messer und das auf ganzer Breite der Schärfe.

~

Der Blick in die Zukunft erübrigt sich: Die Tage sind gezählt.

~

Zum Hören sind die Ohren da, zum Verstehen das Gehirn.

~

Die Zunge ist das einzige, was allen zum Halse heraushängt.

~

Ein Besucher, der nichts verzehrt, ist immer willkommen.

~

Politiker haben ein dickes Fell und so manche Laus im Pelz.

~

Wer Absichten hegt, folgt seinen Ansichten.

~

Allgemeinbildung umfasst ein bisschen Wissen von allem und jedem.

~

Wer sich treiben lässt, bildet sich ein, mitzuschwimmen.

~

Die Beerdigung der Zukunft läutet den Anfang vom Ende ein.

~

Als Großer seines Fachs gilt, wer sein Vorbild überholt.

~

Der Musiker greift in die Saiten, der Liebhaber in die Seiten.

~

Rassisten sind Weiße mit schwarzer Seele.

~

Ob die Zukunft gewiss, ist ungewiss.

~

Ein Dieb, der Werkzeug klaut, hat nicht vor, damit zu arbeiten.

~

Die größten Gespenster hausen in den menschlichen Zweifeln.

~

Früher gab es Gassenhauer, heute Straßengangs.

~

Alle Schmiergeldempfänger glauben sich unbefleckt.

~

Wer befehlen will, muss sich selbst gehorchen können.

~

Über Zeit redet man nicht, man nimmt sie sich.

~

Kein Mensch reift zu Ende, doch ist jeder irgendwann fertig.

~

Am gegenwärtig herrschenden Chaos haben alle ihren Anteil.

~

Tiefer als in die Einsamkeit vermag niemand zu fliehen.

~

Auf die Liebe zum Detail beruft sich selbst der Pedant.

~

Lügen kann theoretisch nur, wer die Wahrheit kennt.

~

Der gesunde Menschenverstand hat viele Gesichter.

~

Theoretisch ist alles praktisch möglich!

~

Dummheit klebt hartnäckig am Fernsehsessel.

~

Unter den Menschen verbergen sich Wölfe als auch Füchse.

~

Bloßes Erleben bewegt sich fernab vom bewussten Gestalten.

~

Mit einem Lächeln kann man nirgendwo bezahlen.

~

Kein Mitläufer geht mit gutem Beispiel voran.

~

———

Geht einer in die Knie, liegt es selten am Meniskus.

~

Zum Schweigen gehört nie eine Denkpause dazu.

~

Ein zu viel des Glücks wäre zutiefst unmenschlich.

~

Viel zu wissen bedeutet, an nicht wenig zu zweifeln.

~

Bedeutend mehr erlernbar ist, als letztlich beherrschbar.

~

Am ehesten verbrennt man sich am selbst entfachten Feuer.

~

Der späte Wurm hat entscheidend mehr vom Leben.

~

Gleichgültigkeit und Verachtung gehen Hand in Hand.

~

Schließt sich der Kreis, sind alle Außenstehenden bevorteilt.

~

Der Rubel rollt – beständig weg vom Volk.

~

Die Zeit vergeht, ohne selbst zu zergehen.

~

Erlernbar ist viel mehr als verzehrt werden kann.

~

Ein Falschspieler kennt durchaus die Klaviatur aller Regeln.

~

Leidenschaft ist nötig, um alle Hindernisse beiseite zu räumen.

~

Das ganze Leben bindet sich an Arbeit und Kampf.

~

Jedes Ziel lässt sich allein über Etappen erreichen.

~

Der gute Geschmack kommt mit der Zugabe von E-Nummern.

~

Naivität bringt den Tod oder einen neuen Helden hervor.

~

„Natogrün" ist irreführend, da nicht ökologisch.

~

Allein das Kochen mit Wasser bringt uns durchs Leben.

~

Am Tag denken die Leute ganz anders über das Dunkel.

~

Als „A" zu sagen außer Mode kam, führte kein Weg an „B" vorbei.

~

Wie puhlen sich eigentlich Elefanten in der Nase?

~

Neckermann macht's möglich – das war einmal …

~

Ich bin, was ich bin, denke ich zumindest …

~

Die wenigsten Familienstammbäume erweisen sich als Bonsai.

~

Arm dran, wessen Schutzengel flugunfähig und gehbehindert …

~

Sich ein Ziel zu setzen bedeutet, den eigenen Käfig auszuwählen.

~

Selten erweist sich ein Gedicht stilistisch als solches.

~

Aller Grund zur Eitelkeit ist ausschließlich subjektiver Natur.

~

———

Er machte sich nie etwas draus; das hat er nun davon …

~

Engel sind tote Kinder! Warum also sollten sie singen?

~

Eine schlummernde Wahrheit nutzt niemandem.

~

Es ist nicht leicht, im Netz den Spam vom Wissen zu trennen.

~

Meist bleibt allein zurück, wer das Nachsehen hat.

~

In eine leere Tasche lohnt kein noch so tiefes Greifen.

~

Wer die Wahrheit sagt, bremst die eigene Karriere aus.

~

Nicht jeder, der „A" sagt, ist tatsächlich ein Alphatier.

~

Hinter der Sache zu stehen, ist ungleich, über den Dingen zu schweben.

~

Talent ist keine Bezeichnung mit nur einer Bedeutung …

~

Wer sich zum Affen macht, lebt in tiefster Vergangenheit.

~

Beamter (der): Der macht doch nichts, der will doch nur spielen.

~

Mach dir nichts vor, es könnte groß in Mode kommen.

~

Die Stärke einer Regierung entscheidet sich im Krisenmodus.

~

Ohne das schaffende Prekariat wäre das Geld kaum etwas wert.

~

———

Der bescheidene Realist weiß um die Existenz seiner Grenzen.

~

Die Astronomie begann mit dem Aufblicken zu den Sternen.

~

Das Sein des Steins der Weisen ist immer noch unbewiesen.

~

Sich selbst zu adeln oder zum Meister zu erheben, vermag niemand.

~

Wer zählen kann, hat das Zeug zum Verwalter.

~

Seit langem triumphiert Bespaßung über den Wissenserwerb.

~

Der erste Blick gilt stets verbotenen Früchten.

~

Theorien haben es an sich, gelegentlich zusammenzubrechen.

~

Nachdenkliches Kauen am Bleistift erspart den Spitzer.

~

Ohne Gefährten zieht los, wer Gefahren nicht fürchtet.

~

Vom bloßen Zuschauen ist nichts Praktisches zu lernen.

~

Es zeigt nicht sein wahres Gesicht, wer inkognito arbeitet.

~

Alles begann damit, dass ein pfiffiger Mensch „Ah!" sagte.

~

Viele Dinge wandelt fahrlässiger Gebrauch zum Unding.

~

Schaffen – welch' dehnbarer Begriff …

~

Es gibt viel zu tun, na, dann macht mal!

~

Wo die Liebe hinfällt, da wurde sie nicht ernst genommen.

~

Nicht jeder trennt exakt Illusion von Vision.

~

Selbst ein Krieg am Ende der Welt betrifft generell uns alle.

~

Geld regiert die Welt, aber nicht demokratisch.

~

Die Symbole für Dollar, Euro usw. sind jedem Kind bekannt …

~

Wer zuerst lacht, will gehört werden.

~

Des Menschen größte Sünde heißt Umweltzerstörung.

~

Das Schlimmste, was man tun kann, ist passiv zu hoffen.

~

Erleuchtung erlangt nie, wer nicht ganz helle ist.

~

Man leistet sich Stil, aber selten allein und in aller Stille.

~

Der Zufall will's – dem Menschen kommt er ungelegen.

~

Dunkelziffern verbleiben hinter dem Vorhang der Statistik.

~

Das bloße Nachdenken über das Leben ist sinnlos vertane Zeit.

~

Alle Liebe beginnt mit jener zum Detail.

~

In absoluter Ruhe verharrt allein der Mensch …

~

Allein aus einer Langeweile heraus stelle man keine Fragen.

~

Wunschlos glücklich – wer ist das schon …

~

Oft reichen menschliche Abgründe mehrere Etagen tief.

~

Was dunkle Schatten vorauswirft, ist selten nur ein Gutes.

~

Die Rechtschreibreform? Machen wir mit links!

~

Die einen verkünden Worte, andere brechen sie …

~

Er kam, sah und siechte dahin.

~

Geschieht ein Beinahe, rückt die Feuerwehr nicht aus.

~

Man kann ertragen oder ist genötigt, zu erdulden.

~

Querbeetgedanken führen zu keiner Lösung.

~

Einmal resigniert und schwerlich später wieder aktiviert.

~

Gute Taten vollbringe nicht um eines Applauses willen.

~

Ich bin, der ich bin, ohne zu wissen, wer.

~

Geduld zu üben fällt niemandem leicht.

~

———

Wer in die Tiefe geht, muss mit viel Staub rechnen.

~

Sprich von Ü30-Frauen und du bist stets auf der sicheren Seite.

~

Das Risiko scheuen heißt, nie eine Grenze zu überschreiten.

~

Beurteilen fällt weit schwerer als verurteilen.

~

Hilf dir selbst – nach eigenem Ermessen.

~

Gerüchte ausstreuen: ein äußerst anrüchiges Tun.

~

Dank Globalisierung wird die Welt ein Opfer der Klospülung.

~

Geh in dich, aber verlauf dich nicht!

~

Ohne völlige Hingabe zur Aufgabe bleibt der Erfolg aus.

~

Nicht aus jedem Glückskind wird ein zufriedener Erwachsener.

~

Die Zeiten ändern sich – das weiß auch der alternde Sprinter.

~

Jedes Metier verfügt über eine eigene dritte Dimension.

~

Auch ein blindes Huhn findet den Weg in den Suppentopf.

~

Alle kommen an, einige auch ausgesprochen dumm.

~

Den Leuten mangelt es ständig an Geld und Geduld.

~

Die Pflicht lässt keine zweitrangigen Argumente gelten.

~

Der Menschen Lebensweise macht alle zu Künstlern.

~

Für den Verstorbenen fand die Entropie ein jähes Ende.

~

Alle, die ihrer Zeit voraus sind, wissen, was morgen zu tun ist.

~

Alle Welt spricht von „light" und lässt sich unbedacht leiten.

~

Normalesser (der): ein konservativer Verzehrer.

~

Ich bin, der ich bin, und niemand ist mehr.

~

Er ging seinen Weg – ins Nirgendwo, und keiner hielt ihn auf.

~

Auf das Außergewöhnliche sollte man sich nie verlassen.

~

Des Lesens unkundig, entgeht man dennoch nicht dem Gesetz.

~

So lange es Menschen gibt, werden Kredite vergeben.

~

Leiten und leiden lassen.

~

Der Sinn des Unsinns verbirgt sich im Minusbereich.

~

Der kleinste Stein im Schuh drückt wie ein großer Wacker.

~

Der Mensch verharrt, die Zeit fließt weiter.

~

————

Alles fließt, vor allem die Unkosten.

~

Der Missbrauch hat viele Gesichter.

~

Sich zu tadeln, ist noch lange keine Selbsterkennung.

~

Selbst das Bücherschreiben geht nicht ohne Schweißperlen ab.

~

Das Geld arbeitet zu Ungunsten der tätigen Menschen.

~

Unterm Strich fungiert jeder als sein eigener Zirkusdirektor.

~

Viel Lärm um nicht vorhandenes fachliches Wissen.

~

Das politische Barometer steht vorrangig auf „veränderlich".

~

Der Mensch denkt voraus (vorrangig zu eigenen Gunsten).

~

Jedes Bewusstsein formt sich ein anderes Bild von der Welt.

~

Von Reichtum allein wird niemand satt.

~

Wer sich bestechen lässt, verletzt die eigene Seele.

~

Sich zu ändern bedeutet nicht, sich ständig zu verändern.

~

Ein Standpunkt bietet Platz für einen einzigen Menschen.

~

Herrscht Faustrecht, vermag kein Gretchen zu schlichten.

~

Nicht andere kaufen und sich selbst nicht kaufen lassen.

~

Der Abstieg lauert überall.

~

Am besten begraben ist man unter einem Stapel Bücher.

~

Wer passiv auf ein Wunder wartet, wundert sich zuletzt.

~

Wer Freunde betrügt, achtet auch sonst keine Menschen.

~

Wer sich selbst betrügt, tut sich auch sonst nichts Gutes.

~

Vom molligen Sessel aus denkt man sich das Wetter besser.

~

Wir müssen damit leben, sterblich zu sein.

~

Jeder Erfolg ist frisch errungen am größten.

~

Erfreue dich am Jetzt, unwissend, was dir morgen blüht.

~

Der Fachmann hat's im Kopf, der Profisportler im Urin.

~

Erst der Griff zum Werkzeug, später der Griff zum Bier.

~

Kein Nachsehen, ohne den typischen Blick nach hinten.

~

Selbst wenn du schweigst, vermag ich dich zu hören.

~

Nicht jeder, der so tut als ob, arbeitet tatsächlich.

~

Gegen den Konsum von Gras scheint kein Kraut gewachsen.

~

Eine Hand wäscht die andere? Aber nicht in Unschuld!

~

Im Geschichtsbuch sucht man das Happy End vergeblich.

~

Nicht jeder, der ausgeträumt hat, ist tatsächlich aufgewacht.

~

Am schnellsten altert, wer ständig in sich hineinhorcht.

~

Befangene sind gefangen durch ihre Kenntnis.

~

Fragen stellen und in Frage stellen sind zweierlei Dinge.

~

Die Zeit entscheidet über Sieger und Verlierer.

~

Ein Standpunkt ist keine Garantie für einen sicheren Stand.

~

Verzicht auf nicht benötigte Dinge – wer möchte das schon?!

~

Ein Leben auf Kredit ist Existenz auf tönernen Füßen.

~

Aufregen ist zwecklos und Eingaben sind sinnlos.

~

Bei manchen ist ein Einfall ein Fall von Zufall.

~

Es gibt kein zu viel an Zivilcourage.

~

Mit Krieg ist keine Krise zu stoppen.

~

Die scharfkantige Begrenzung definiert den wirklichen Genuss.

~

Lange vor dem Loslaufen muss die Richtung feststehen.

~

Ein Mann für alle Fälle entsorgt auch Abfälle.

~

Vorsicht, auch Denkwege verfügen über eine Überholspur!

~

Kaum ein Erfinder bedachte die Kehrseite seiner Neuerung.

~

Ein Freund ahnt, warum sein Gegenüber schweigt.

~

Wahrheiten passen nicht in jedermanns Konzept.

~

Hass äußert sich im Versprühen giftiger Worte.

~

Wer hinter dem Mond lebt, wohnt an einem kalten Ort.

~

„A" wie anfangen und am Ende „Z" wie zerstört …

~

Lass den Löwen raus, auch wenn nur ein Stubentiger hervortritt.

~

Hitzköpfig bedeutet nicht, zu denken bis zum Fieberwahn …

~

„Menschliche Wärme" gleichbedeutend „Balsam für die Seele".

~

Kinder und Hunde sind die besten Menschenkenner.

~

Wer wagt, vertraut auf die Sonnenseite der Risiken.

~

Eine Beziehung ohne jede Kultur – was für ein zäher Gummi!

~

Wer „A" sagt, denkt sich im Stillen quer durchs Alphabet.

~

Der Argwohn ist die schlimmste seelische Behausung …

~

Das Schönste an der Lebenszeit ist der Urlaub.

~

Sich in Geduld üben zu müssen, das kostet Nerven.

~

Vom Leben gezeichnet, aber leider nicht in Öl.

~

Geld, das ich nicht habe, erspart mir die Inventur.

~

Manch einer ist allzeit bereit zu versagen.

~

Kein tiefgründiges Schürfen ohne Abtauchen bis zum Grund.

~

Lieber ein Frosch sein als eine Kröte …

~

Die Hoffnung allein bringt keine Veränderung.

~

Wahrheiten ändern sich nicht, sie werden mit der Zeit präziser.

~

Nicht jeder Zusatz fügt ein wichtiges Argument an.

~

Nicht jeder Geschäftsmann gilt in der Branche als Gentleman.

~

„Teilnahme zählt!", meint der Versager des Metiers.

~

Man müht sich ab und bleibt doch ewig nur Schüler.

~

Alles wird gut, vielleicht sogar besser.

~

Auf jeden Gebildeten kommen mindestens zwei Eingebildete.

~

Wenn die Regel versagt, rettet eine Ausnahme die Situation.

~

Ich möchte nicht warten bis zum Ende, an dem alles gut wird!

~

Viel lauter als die Pflicht ruft der liebste Zeitvertreib.

~

Nicht alles am Boden Liegende wird zum Fall für die Putzfrau.

~

Mit dem Bösen macht kein Guter zukunftssichere Geschäfte.

~

Ob groß oder klein – die angemessenen Preise gelten für alle.

~

Eine Männerquote existiert am ehesten in einer Frauenklinik …

~

Dreimal klagen kostet die Energie von einmal handeln.

~

Mit jedem neuen Tag erwacht ein Stückchen Zukunft.

~

Liebe deine Feinde, denn damit rechnen sie nicht.

~

Eile mit Weile, Hetze auf die Schnelle …

~

Sein oder nicht sein?! Lass es sein!

~

———

Man schätzt sich glücklich, es ist eben alles relativ.

~

Keine Grenze bleibt eine solche für immer.

~

Nicht an jeder Schnittstelle wurde golden geteilt.

~

All jene, die Gott suchen, tun es ohne Steckbrief.

~

Kaum eine Karriereleiter erweist sich als TÜV-geprüft.

~

Die meisten Frauen sind natürlich schön und einige künstlich.

~

Die Hoffnung heftet sich stets auf das Ideal der Verbesserung.

~

Wer Glück hat, der muss es auch anzunehmen wissen.

~

Die Grazien dürfen als spezielle Sonderform der Musen gelten.

~

Ich bin dabei – als Macher, Mentor, Kritiker oder Statist.

~

Schweigen ungleich dem Verschweigen.

~

Der Brunnen des ärgsten Feindes ist tabu für Rachetaten.

~

Von wegen „Made in Germany" – der Wurm ist drin …

~

Mir tut alles weh, aber nur, wenn ich daran denke.

~

Er fungiert als Schild und Schwert der Rüstungsgegner …

~

———

Wer die Augen verschließt, blickt wirklich nicht mehr durch.

~

Jeder hat Geld, aber keiner genug davon.

~

Wer von der Klippe stürzt, ist augenscheinlich klipp und klar.

~

Der ständig Unzufriedene gibt sich lautstark zu erkennen.

~

Wer viel redet, tut der Welt nie ein Gutes.

~

Es redet viel, wer anderes nicht kann.

~

Unwissenheit (die): sehr vieler Leute Fachgebiet.

~

Möglich ist viel mehr, als tatsächlich nützlich erscheint.

~

Manpower umfasst weit mehr als nur men(-)tales Training.

~

Ein Dummer, der sich dumm stellt, muss nicht viel tun.

~

Schatten und Gegenwart sind unabstreifbar, da allgegenwärtig.

~

Wer „A" sagt, hat noch 25 Buchstaben vor sich.

~

In Träumen spielen bürokratische Hürden nie eine Rolle.

~

Einmal archiviert, ist oftmals für immer abgelegt.

~

Wer andere für sich handeln lässt, treibt hilflos durchs Leben.

~

Mancher tut, was er will, und selbst das nicht fehlerfrei.

~

Keine Haushaltsauflösung läuft ohne Exhumierung ab.

~

Was unter die Haut geht, ist heute meist ein Tattoo.

~

Es hat geklappt, und das sogar völlig geräuschlos.

~

Halbzeit ist kein Grund, die Kräfte zurückzufahren.

~

Nachtaktive Leute benötigen keine Sonnencreme.

~

Selbst was einem in den Schoß fällt – nie ist es genug!

~

Kalenderblätter, die den Lauf der Zeit bedeuten …

~

Ich nehme dich ernst, behalte mir jedoch eine Pointe vor.

~

Manch Blödsinn macht den einen reich, den zweiten lächerlich.

~

Zuverlässigkeit ist die bei Weitem beste Lässigkeit.

~

Ein perfekter Kreis stimmt auf Pi genau.

~

Das Stöhnen bei der Arbeit hört sich anders an als beim Sex.

~

Warum gibt stets der Klügere nach? Er weiß, wie es geht!

~

Ein Großteil der Schwarzarbeit geschieht am helllichten Tag.

~

Gescheit zu sein, ist kein Schutzschild vor dem Scheitern.

~

Eine Tafel Ritter-Sport – die kannste knicken …

~

Wer sich auf die faule Haut legt, vertut seine Zeit.

~

Wer viel Gras anbaut, ist vielleicht Besitzer eines Golfplatzes.

~

Für einen Historiker existieren keine antiquierten Schriften.

~

Erfolg hat, wer seine Pläne den eigenen Möglichkeiten anpasst.

~

Wer nie im Wege steht, gehört vermutlich zu einer Randgruppe.

~

Leute, die mir nahe stehen, warten auch nur auf den Bus.

~

Ein Veilchen blüht am Auge oder bestenfalls im Garten …

~

So lange es noch Götter gibt, gibt es auch Atheisten.

~

So freigiebig ein Sponsor auch auftritt, selbst er hat Feinde.

~

Freunde sind nicht ankaufbar, wohl aber Spießgesellen.

~

Der letzte Nachruf wird nicht mehr erhört.

~

Wohlwollen umfasst Gutmütigkeit in Wort und Tat.

~

Wer auf der Stelle verharrt, wird nie ein Neuland betreten.

~

———

Das Jammern sollte den Schauspielern vorbehalten bleiben.

~

Der konsequente Mensch hat keine Zeit zu jammern.

~

Sich entwickeln heißt, zu lernen, Hürden zu überwinden.

~

Wer um das Ziel nicht weiß, kann sich das Anvisieren sparen.

~

Jede Trennung lässt mindestens eine verletzte Seele zurück.

~

Jeder ist auf seine Weise einsam …

~

Jede Idee ist es wert, auf ihren Gehalt geprüft zu werden.

~

Ihr Kinderlein kommet, wenn möglich aus eigener Kraft.

~

Geistreich zu sein, ist die edelste Form von Besitz.

~

Wenn man erwacht, ist es meist zu spät zum Gegensteuern.

~

In sich gehen – der Versuch, auf kurzem Wege viel zu erreichen.

~

Des Spießers Kaiserreich reicht bis zum Gartenzaun.

~

Wer zu Ungerechtigkeiten neigt, sollte nicht heiraten!

~

Wer abseits stehen bleibt, ist noch zu ganz anderem fähig.

~

Menschen sind unhaltbar, erst recht deren Worte …

~

Dem Verharrenden bleibt jeder Erfolg verwehrt.

~

Eine unterlassene Tat kann als Untat ausgelegt werden.

~

„Kein Kommentar!" gilt als sichere Distanzierung.

~

Ein Apfel genügte, um im Paradies das Licht auszuschalten.

~

Plötzlicher Reichtum wird für manche zum Todesurteil.

~

Seit die Menschen an Gott glauben, gilt er als Schöpfer.

~

Der Laie hat die Pflicht, sich zu bilden.

~

Ein ehrlich geführtes Leben kommt ohne jede Maske aus.

~

Habsucht müsste eigentlich Nimmsucht heißen …

~

Eine zeitgenössische Überzeugung hält nicht mehr lebenslang.

~

Mehr Sein dank Schein! Was für ein Trugschluss!

~

Des Menschen heiligste Emotion ist die Liebe zum Geld.

~

So viel es auch regnet, das Wasser auf Erden wird nicht mehr.

~

In kurzer Ruhe liegt die Kraft, die lange mündet in Müßiggang.

~

Das schönste Pilgern geschieht von Kneipe zu Kneipe …

~

Wer in sich geht, begibt sich auf schwierige Pilgerpfade.

~

Bonmots bedürfen keiner Fußnoten.

~

Du suchst Zerstreuung? Geh bloß nicht zu weit!

~

Es wird alles ganz anders, jedoch nie zu des Volkes Gunsten.

~

Bei einem schlechten Brauer ist Hopfen und Malz verloren.

~

Es stirbt der Wald, der Paragraphendschungel jedoch bleibt …

~

Mein dickes Auftragen beschränkt sich auf das Frühstücksbrot.

~

Inflation ist finanzielle Schneeschmelze!

~

Der Feind schläft nicht, auch nicht der Kritiker.

~

Lass uns fahren, das hier geht mir zu weit!

~

Die Zeit vergeht, jedoch verläuft oder verfliegt sie nicht.

~

Wahnsinn (der): die Tollwutform des Denkens.

~

Jeder Hammerschlag sitzt, selbst der auf den Finger.

~

Geld stinkt nicht, und dennoch steigt es vielen zu Kopfe.

~

Jeder hat es selbst in der Hand, ob ihm etwas auf die Füße fällt.

~

Jede Entscheidung ist zugleich Kopf- und Herzenssache.

~

Noch so viel Geld im Beutel ersetzt nicht die Luft zum Atmen.

~

Lügen führen in die Irre, Wahrheiten ernüchtern.

~

Selbst ein noch so frommer Mensch ist auf Geld angewiesen.

~

Aufarbeiten bedeutet kritisches Überdenken.

~

Nicht jede Tugend erscheint den Mitmenschen lobenswert.

~

Der Tod ist eine Tatsache und bleibt dennoch unbegreiflich.

~

Denkschriften erreichen nicht alle Denkenden …

~

Mann weiß ja nie, wie Frau denkt.

~

Der Umgang mit den Sorgen formt den Menschen.

~

In der Ruhe liegt die Kraft, etwas anderes steht ihr nicht.

~

Alle sind satt, aber dennoch ist nicht jeder zufrieden.

~

Was du auch anfängst, du musst etwas davon verstehen.

~

Zuviel des Guten liegt einem kaum zu Füßen …

~

Schwäche zu zeigen, zeigt lebendiges Menschsein an.

~

Subjektiv betrachtet, werden die Orden immer falsch verteilt.

~

Wer das Chaos liebt, kommt hier voll auf seine Kosten.

~

Was nützt körperliche Gesundheit, wenn es im Geiste krankt?

~

Wer im Kreis geht, kann sich nicht verlaufen.

~

Kein Land kann besser sein, als sich die Staatsdiener geben.

~

Besser machen bedeutet nicht zwingend, mehr zu tun.

~

Jede große Stadt begann einst als kleines Dorf.

~

Ich verharre nicht, ich denke nach …

~

Modeschmuck (der): die Klunker der Frau aus dem Volke.

~

Das Gute wird siegen, heute in einer Million Jahren.

~

Falsche Bescheidenheit kommt stets als echte Gier daher.

~

Jedes Können steht für eine gelebte, eigene Dimension.

~

Beruhigt veröffentlichen kann, wer nicht plagiiert.

~

Das meiste Gift wird nach wie vor phonetisch verspritzt.

~

Man muss kein Gelehrter sein, um Nützliches zu leisten.

~

Wenn alte Leuten weinen, dann steht Schlimmes bevor.

~

Auf Rohkost setzen heißt, garantiert nichts anbrennen lassen.

~

Was berührt, schlägt durch bis zur letzten Emotion.

~

Aus einer Leere vermag niemand Lehren zu ziehen.

~

Platzangst? Alles eine Frage der umgebenden Quadratmeter!

~

Bilderstürmer (der): eine besondere Art von Bildhauer …

~

Dumm ist, wer nachmacht, was ein Nichtsnutz sich vormacht.

~

Nicht alle zusammen Loslaufenden streben zum selben Ziel.

~

Beschenken geschieht nie ohne Hintergedanken.

~

Wer die erste Geige spielt, sitzt nah beim Dirigenten.

~

Jawohl, auch ich glaube, jedoch bei Weitem nicht jedem!

~

Wer zuletzt lacht, verpasst seinen Einsatz.

~

Mittellos – hilflos – schweres Los …

~

In der Urzeit liefen die Uhren noch anders …

~

Als Mensch auftreten und sich dennoch zum Affen machen …

~

Penetranter als Knoblauchatem geben sich nur Fußnoten.

~

Nicht alle Zaungäste lohnt es hereinzubitten.

~

Wer „Ja!" sagt, meint lebenslang.

~

Träume verpflichten zu nichts!

~

Wir nähern uns der Zukunft in Summe von Lebensjahren.

~

Wer sich selbst fordert, der kann auch fordern.

~

Wir haben es in der Hand, sofern diese nicht leer ist.

~

Verlobung ist noch nicht gelobte Treue …

~

Ohne wirkliche Einsichten – keine echten Absichten!

~

Was ein Gewissen ist, das wissen bei Weitem nicht alle!

~

Jeder Mensch hat ein Anrecht auf tatsächliche Gerechtigkeit.

~

Beim Streben nach Geld bleibt die Tugend ausgeschaltet.

~

Es liegt was in der Luft, und wenn es nur Smog ist …

~

Wenn alles gesagt ist, folgt die Verkündung der Fußnoten.

~

Skandale sind das täglich Brot der Journalisten.

~

Verstehen ist etwas völlig anderes als Verinnerlichen.

~

Ohne Dame läuft gar nichts, im Leben, wie auch beim Schach.

~

Anderen das Wasser zu reichen, ist billiger als Freibier auszugeben.

~

Der Zeitgeist entscheidet, was morgen als Altlast gilt.

~

Geliebt zu werden, will Tag für Tag neu erkämpft sein.

~

Neue Geheimnisse setzen das Flair der alten nicht außer Kraft.

~

Nicht jeder, der Schwarz sieht, ist tatsächlich ein Pessimist.

~

Eine angehängte Null adelt jede beliebige Zahl.

~

Unaufhaltsam nähert sie sich lärmend an, die Zukunftsmusik.

~

Stets nur das Gleiche tun bedeutet, nicht vorwärts zu kommen.

~

Eine vakante Lehrerstelle ist ein Leeramt.

~

Derjenige, der mir stets einen Schritt voraus ist, wäre ich gern selbst.

~

Reifen klingt allemal besser als altern.

~

Wenn mit Moral Geld zu verdienen wäre, hätte sie jeder.

~

Ein reumütiger Täter bricht das Herz eines jeden Richters.

~

Stille muss heute einziehen, nicht erst nach der Apokalypse.

~

Wer verschläft, sündigt durchaus!

~

Die ausgetretensten Pfade führen von jeher zur Kneipe.

~

Zwei Männer sind zu viel für eine Leiter.

~

Ich bin vor allem eines: nie zufrieden.

~

Als Individualist ist jeder seine eigene Selbsthilfegruppe.

~

Geld ist das beste aller Schmiermittel.

~

Es werde Licht! Mit Ökostrom!

~

Würde jedem maßlos gegeben, entstünde der Welt ein Defizit.

~

In einem gesetzlosen Raum lebt jeder gefährlich.

~

Nicht generell leuchtet neben einer Latrine eine Laterne.

~

Was soll nur werden, wenn alles nichts wird?

~

Das Dekolleté gewährt keinen Einblick in die weibliche Seele.

~

Den Rhythmus des eigenen Tickens legt jeder selbst fest.

~

Ohne Kies in der Tasche, kein Sandkuchen im Bauch.

~

———

Faulheit lässt das beste Talent dahinwelken.

~

Von der Mehrzahl aller toten Autoren leben die Bücher weiter.

~

Kein Lebender erlangt jemals lebenslange Sattheit.

~

Den Pechvogel trifft die Gunst der Stunde schlafend an.

~

Wer Beweise fordert, dem reicht einfaches Vertrauen nicht.

~

Mach niemals nach, was sich ein anderer vormacht.

~

Ob es auch gute Selbstgespräche gibt? Wer weiß …

~

Einmal in die Knie gegangen, ist man fast schon am Boden.

~

Die helfende Hand erweist sich selten als fachlich versiert.

~

Niemandes Tugenden sind geeicht und TÜV-geprüft.

~

An schönen Stunden versagt gewöhnlich jegliches Zeitmaß.

~

Das Wort „Arbeit" verbindet mancher generell mit malochen.

~

Jeder Mensch ist gut, und sei es nur mit sich selbst.

~

Gewinnsucht (die): Sehnsucht, die Geld und Gut sucht.

~

Von schönen Rosen allein kann eine Liebe nicht leben.

~

Marionetten (die): bekannte Wesen aus Politik und Puppentheater.

~

Augen auf und scharf nachgedacht, dann wird alles gut.

~

Gnade triumphiert niemals über den eigenen Vorteil.

~

Ohne aufgehendes Licht ist keine Erleuchtung möglich.

~

Genau genommen hat der Wähler gar keine Wahl ...

~

Es liegt an uns Jetzigen, ob die Zukunft eine Zukunft hat.

~

Um sich in Schale zu werfen, reicht ein Schal nicht aus.

~

Bei Weitem nicht alle Windbeutel sind mit Sahne gefüllt.

~

Ein jeder strickt am Muster seines eigenen Schicksals.

~

Sollte ich eines Tages fliegen, dann keinesfalls freiwillig.

~

Nicht jeder, der blank zieht, ist es auch tatsächlich.

~

Mit Gewalt lässt sich Fortschritt nicht verbreiten.

~

Allein auf sich gestellt heißt nicht, generell im Stich gelassen.

~

Typisch Mitläufer: Erst „A" sagen und dann nicht weiterwissen.

~

Vom Fels in der Brandung gibt es viel zu lernen ...

~

Im freien Fall durchschreitet die Jahre, wer nichts leistet.

~

Wer sich die Zeit gut einteilt, kommt im Leben bestens voran.

~

Hektik ist nichts anderes als völlig übersteigerte Emsigkeit.

~

Wer auf seine innere Stimme hört, braucht keinen Souffleur.

~

Partei zu ergreifen, bremst jegliches Parteiübergreifende aus.

~

Entlohnung ist etwas anderes als bloßes Bezahltwerden.

~

Ein satter Konsument gewöhnt sich leicht das Denken ab.

~

Gegen Windmühlen kämpft, wer sich mit Traditionen anlegt.

~

Dinge ohne Glanz suggerieren, nichts wert zu sein.

~

Maler Klecks (der): ein Könner der abstrakten Szene.

~

Auf den ersten Blick hat jede Sache nur einen Haken.

~

Hässlichkeit ist eine Sache der Deutung …

~

Erst kommt die Leidenschaft, später das Leiden.

~

Was da im Busche lauert, ist bestimmt nicht das große Glück.

~

Viele Hände sind schmutzig, doch nicht alle von der Arbeit.

~

In Summe der Augenblicke rinnen die Jahre dahin …

~

Ständig Benutztes darf sich auch mal abnutzen.

~

Am Anfang ist die eine Flasche voll, am Ende die andere.

~

Forschen heißt nicht zuletzt, auch Risiken einzugehen.

~

Bilde dir ein, du hättest eine Meinung.

~

Reiche die Flasche herum, ehe das Zeug schlecht wird.

~

Parlament (das): Kolosseum der Stand- und Streitpunkte.

~

Der Chef ist anderer Meinung – wie sollte es anders sein.

~

Nicht alle Prosa verleitet zu rosa Träumen.

~

Es gibt nur die eine Wahrheit, doch steht sie niemals allein.

~

Bücher lesen kann jeder, Texte verstehen ist große Kunst.

~

Der Fluss der Zeit kommt ganz ohne Quelle und Mündung aus.

~

Beschissen wird zumeist, wer als Denkmal im Park herumsteht.

~

Der Staat geht an die Börse – an meine, an deine …

~

Was der Mensch nicht weiß, das packt er in Theorien.

~

Wer Bücher nicht liebt, verachtet auch Menschen.

~

Versprecher (der): einer, der ein Versprechen verkündet.

~

Zu leben heißt für mich, tätig zu sein.

~

Arme Menschen sind entweder mittel- oder konzeptlos.

~

Es gibt ein Leben nach der Plateauphase des Erfolgs.

~

Von sich aus drängen Geheimnisse nie in Richtung Oberfläche.

~

Das Hühnervolk scharrt Tag für Tag, ohne ein Ende zu finden.

~

Eine einzige Wahrheit gibt es, doch reicht sie aus für alle.

~

Jede Henkersseele glaubt, ein Humanist zu sein.

~

Jeden soll man lieben, scheitert aber mit vielen beim Praxistest.

~

Zwischen Wasser und Wein steht der Essig.

~

Auf alten Fotos sieht man sich jung und unentschlossen.

~

Was lange währt, wird selten fertig.

~

Jeder liebt – irgendetwas oder irgendwen.

~

Ich werde dich sitzen lassen, du kannst liegen bleiben.

~

———

Ob Riese oder Zwerg – die Gehirne sind die gleichen.

~

Glücksmomente sind die Schönwetterabschnitte des Lebens.

~

Vorwände haben keinerlei statische Eigenschaften.

~

Mit Schönheit allein kommt niemand durch ein langes Leben.

~

In der Schule lernt man, um nachfolgend weiter zu lernen.

~

Tiefe Wunden heilen etwas länger …

~

Gewisse Zeiten sind vorbei, andere kommen plötzlich wieder.

~

Jeder Reibach mündet irgendwo in einen Reinfall.

~

Die einen fallen drauf rein, die anderen hinten runter.

~

Für Dummheit kann man nichts, wohl aber für Dämlichkeit.

~

Freilich gibt es Unfehlbare: auf der Streichliste.

~

Selbst die Bekennerschreiben kommen heute per SMS.

~

Mit zwei linken Händen ist kein Rechtschaffen möglich.

~

Die meisten erholen sich wieder, aber nicht alle lernen hinzu.

~

Aller guten Vorsätze sind drei …

~

Ein und dieselbe Kleidung passt nicht zum Arbeiten und Tanzen.

~

„Von Politikern lernen" heißt, Denken und Meinen strikt zu trennen.

~

Anstehende Arbeiten bedürfen keiner alphabetischer Trennung.

~

Einmal in den Ruin getrieben, steht man vor nichts als Ruinen.

~

Nicht jeder Wartende harrt einem ganz Bestimmten entgegen.

~

Wer langsam genießt, lebt intensiver.

~

Alle sind bedürftig, denn die Liste der Bedürfnisse ist sehr lang.

~

Wer irgendwo hingeht, muss freilich irgendwo herkommen.

~

Frühreife Äpfel fallen zuerst vom Baum.

~

Neue Köpfe braucht das Land! Woher aber nehmen?

~

Der Augenblick entscheidet über das Schicksal einer Idee.

~

Trotz allem Lernen will die Unwissenheit einfach nicht enden.

~

Zu viele Tattoos verderben eine ehrliche Haut.

~

Eine lieblich duftende Blume zeigt Charakter an.

~

Es denkt nicht wirklich, wer nur an das eine denkt.

~

———

Ich schaue in meinen Kaffeesatz und sehe keine Zukunft …

~

Auf alten Schachteln steht die Reklame von gestern.

~

Mit der Heirat lässt man sich vom Ledigsein scheiden.

~

Beim Beweisantreten ist schon mancher schwer gestolpert.

~

Wer auf Hilfe wartet, kann lange warten.

~

Frauenfußballmannschaft (die): „Elf Ballerinen sammer!"

~

Aufgeben gilt nicht, schon gar nicht sich selbst.

~

Lebe dein Leben, egal was die Leute sagen.

~

Es gibt für jede Ausrede ein erstes Mal.

~

Das Gewohnte erscheint mit den Jahren immer gewöhnlicher.

~

Einen Vorgesetzten zu haben, erweist sich immer als Nachteil.

~

Wer einen Schatten hat, braucht für den Spot(t) nicht zu sorgen.

~

Beim Abriss kommt kurzzeitig nochmals Leben in die Bude.

~

Ich denke mir meinen Teil, dennoch bin ich ganz.

~

Wer nichts wagt, fällt um so tiefer.

~

Reden ist Silber, Handeln pures Gold.

~

Kultivierte Vermehrung setzt Liebe und Achtung voraus.

~

Superstar (der): moderne Version der Eintagsfliege.

~

Einem „Ich tue, was ich kann!" ist nicht immer zu trauen.

~

Reden, nur um etwas zu sagen, ist wie Heizen im Hochsommer.

~

Urlaub ist Fortsein, Heimkehr ist Dasein.

~

Wenn der Vornehme rastet, patiniert er.

~

Das alltägliche Schauspiel ist gespickt mit vielen Statisten …

~

Hinter sieben Bergen hat er was zu verbergen …

~

Greenpeace rät davon ab, Palmöl ins Feuer zu gießen …

~

Ob nun Schaden oder Schatten – es kommt auf dasselbe raus.

~

So schön das Miteinander ist – nicht immer fällt es leicht.

~

Seitdem C. verheiratet ist, sitzt er in der Opposition.

~

Die Menschen schenken sich nichts, außer zu Weihnachten.

~

Fünf Minuten vor zwölf wird plötzlich der Letzte sehr rege …

~

Sich auf dem Papier austoben – des Autors größte Freude.

~

Nach einer Zusage bedeutet jeder Rückzug einen Ehrverlust.

~

Bei jedem Weingenuss lacht uns die Sonne noch einmal zu.

~

Wer ein Esel ist, muss dennoch nicht zum Tierarzt.

~

Fasse dir ein Herz und saufe um der Leber willen nicht mit.

~

Chaoten ist außer der Zerstörungswut nichts heilig.

~

An jedem weiteren Tag korrigiert die Zukunft ihre Richtung.

~

Fordert der Fortschritt Opfer, schaut jeder sofort in die Runde.

~

Die Sonne geht auf – der helle Wahnsinn.

~

Früher führten alle Wege nach Rom, heute nach Brüssel.

~

Beiseite geschafftes Geld wurde nicht im Wald entsorgt.

~

Sämtliches, was der Mensch durchlebt, ist Alltag.

~

Der Wind pfeift ums Haus: Es ist seine Art, Musik zu machen.

~

Wer langfristig plant, gibt der Langeweile kein Chance.

~

Nicht jedem Sieger wird ein Preis gereicht.

~

Noch nie wurde eine Bauruine zum Denkmal erklärt.

~

Entweder macht der Mensch Lärm oder er denkt.

~

Das Lächeln markiert einen Lichtblick des Gemüts.

~

Per Internet streut der Nutzer seine Seele in die Welt.

~

„Auf Händen tragen" ist ungleich einem „unter die Arme greifen".

~

Nicht die Welt ist ungerecht, die Menschen sind es!

~

Früher machten Kleider Leute, heute Markenklamotten.

~

„Zugabe!", rufen viele, noch ehe sie beschenkt werden.

~

Wer langsam arbeitet, erreicht auch sein Ziel.

~

Geld besitzt man oder erträgt dessen Mangel mit Humor.

~

Jeder Genuss wird allzu leicht und allzu gern übertrieben.

~

Die Prognose ist das, was am Ende doch nicht eintritt.

~

Die schönsten Augenblicke zählen als Lebenszeit doppelt.

~

Gedankenlos ins Chaos zu schreiten, hat nichts mit Mut zu tun.

~

Glück zu haben, ist das eine, es zu nutzen, gelingt nicht jedem.

~

Aller Anfang ist schwer, alles Aufgeben fällt leicht.

~

Es heißt zwar „nachdenken", doch gemeint ist ein Denken davor.

~

Eine Zahnlücke legt den Grundstein zur Brücke.

~

Bei Weitem nicht alle Originale dürfen als originell gelten.

~

Ein Dorf ohne Kinderlachen besitzt keine Zukunft.

~

Wer sich etwas einredet, führt fragwürdige Selbstgespräche.

~

Zwei mit gleicher Vorgehensweise erreichen niemals dasselbe.

~

Er kämpft wie ein Löwe, vor allem in seinen Träumen.

~

Jeder Betrüger hat eine Schwäche für die seiner Mitbürger.

~

Nicht immer erwächst aus Nächstenliebe eine Gegenliebe …

~

Wer mitreden will, muss zuerst einmal zuhören.

~

Der König der Berge ist im Tal ein Niemand.

~

Es wird nicht nur geschimpft, sondern auch vieles verteufelt.

~

Es gibt viel zu tun und noch weit mehr zu verwalten.

~

Das glücklichste Nutztierleben endet im Schlachthof.

~

Von einem erreichten Ziel schweift der Blick zu neuen Wegen …

~

Nicht jedes Kalb ist tatsächlich ein junger Ochse …

~

Eine künstliche Blume ist weit schlimmer als ein falscher Hase.

~

Unter der Phantasie steht die Theorie, über ihr die Illusion.

~

Wer kein Frosch sein will, möchte zum Star aufsteigen.

~

Wer hoch hinaus will, muss gut steigen können.

~

Zum Glück stirbt die Hoffnung lange nach der Illusion …

~

Möglich ist alles, zumindest auf dem Papier.

~

Erkenntnisse gehen durch den Kopf, Geld durch die Hände.

~

Auch auf der Kreuzung zweier Holzwege gilt rechts vor links.

~

Alle schreien nach Veränderung und schieben stets andere vor.

~

Vom Schatten eines Verdachts bleibt Stoff für Gerede zurück.

~

Erde und Mond – so ungleich, aber seit langem ein Paar.

~

Zwischen Mut und Angst existiert vermutlich keine Grauzone.

~

Lass dich fallen, aber nicht aus großer Höhe …

~

Einige Schlager schlagen ein und andere schlichtweg daneben.

~

Ein noch so leckeres Steak ist dem Veganer wurst.

~

Zu den beliebtesten Vergehen gehört heute die Steuersünde.

~

Wenn einer niemals arbeitslos wird, dann Charon.

~

Den einen sticht der Hafer, den anderen der Korn …

~

Jung bleibst du nur mit Blick auf deine Pläne.

~

Wo viele etwas zu sagen haben, regiert das Chaos.

~

Der gebildete Bürger wich längst dem eingebildeten.

~

Da es zum Kritiker nicht reichte, bin ich Autor geworden.

~

Erzähle niemals weiter, was du selbst nicht verstanden hast.

~

Fahrt ins Blaue (die): Brauereibesichtigung.

~

Hör auf zu lachen, Dritter, und mische die Karten neu!

~

Nach „Schluss mit lustig" bleibt immer noch ein müdes Lächeln.

~

Die Zeitverschwendung hat viele Gesichter.

~

Ein Zuviel an Lob hält die Leute vom Weiterarbeiten ab.

~

Der Weg ist das Ziel, und in jeder Kurve steht eine Kneipe …

~

Die Zeit vergeht, ohne je schlecht zu werden.

~

Um ein Engel zu werden, mangelt es mir an Flugstunden …

~

Stellen werden gestrichen, aber nicht lackiert …

~

Seltsamerweise ist die Mehrzahl von Einfalt nicht Vielfalt.

~

Wer kann, der kann, und wer nicht kann, muss zuschauen.

~

Nicht jeder Betroffene empfindet sich als Getroffenen.

~

Sie wurde angefasst, fühlte sich aber davon nicht berührt.

~

Nichts ist veganer als ein Buchstabensalat …

~

„Ohne Worte" bedeutet, dass man sich seinen Teil denkt.

~

Nicht jeder, der sein Leben absitzt, ist ein Häftling.

~

Wer zuletzt lacht, zeigt damit seine lange Leitung an.

~

Leute, die glauben, nie zu irren, dürfen als irre gelten.

~

Das Leben ist kein Ponyhof, eher eine Kamelaufzucht.

~

Geisternetze sind real und kein Seemannsgarn.

~

Die Feindschaft zweier Unverzeihlicher setzt niemals Staub an.

~

Statt weit gebracht, haben wir es viel zu weit getrieben …

~

Viele glauben bis zum Schluss, dass sie noch viel Zeit haben.

~

Vorstellungen sind auch nichts anderes als Illusionen.

~

Schneller als das Wetter ändern sich die Kurse an der Börse.

~

Irgendwann, jenseits von heute und morgen, ist alles zu spät.

~

Komplizierte Charaktere sind eine Wissenschaft für sich.

~

Der Egoist duldet keinen Gott neben sich.

~

Nicht mehr er selbst ist, wer sich ein Pseudonym zulegt.

~

Kain bleibt Kain – durch alle Epochen der Geschichte.

~

Man lebt nur einmal, und mit dem Sterben ist es genauso.

~

Mit Erfolgen rechnen alle, mit ernsten Folgen keiner.

~

„Vorsicht, ausgestopfter Hund!", so ein Schild las ich noch nie.

~

Klebeettiket (das): Produkt mit beschränkter Haftung.

~

Der Hölle auf Erden ist die Menschheit so nah wie nie.

~

Er ging aus sich heraus, das In-sich-Gehen lohnte nicht.

~

Meist wird an die nicht vorhandene Vernunft appelliert …

~

„Nie im Leben!" – und danach erst recht nicht …

~

Die Krone allein macht noch keinen König …

~

Kein Weiterdenken ohne Erweiterung des eigenen Horizonts.

~

Ein Redner muss reden, von Inhalten war nie die Rede.

~

Ratlosigkeit verschwindet nie von selbst.

~

Viele Dinge nehmen ihren Leerlauf.

~

Ohne aktuelle Missstände gäbe es keine neuen Witze.

~

Von dem, was möglich ist, tut man doch stets das Unangemessene.

~

Einen anderen zu bewerten ist besser, als über ihn zu urteilen.

~

Stillstand ist aller Rezession Anfang.

~

Im Sandkasten versetzte ich den ersten Berg …

~

Talente werden individuell geformt oder fahrlässig verbogen.

~

Stünde nicht permanent jemand im Wege, liefe vieles besser.

~

Suizid (der): Gipfel aller Selbstkritik.

~

Damals – das war zu einer Zeit, als noch niemand an früher dachte.

~

Tod und Finanzamt vergessen niemanden.

~

Das einzigartige Echo machte das Jammertal weltbekannt.

~

Strauchdieb (der): heimlicher Beerenpflücker in Nachbars Garten.

~

Trotz aller Erfahrung: Der Mensch bleibt skeptisch.

~

Tyrann (der): Herrscher ohne Selbstbeherrschung.

~

Möglich ist vieles, aber alles mit Arbeit verbunden.

~

In der Pilzsaison traf ich C. im Wald – er lebt also tatsächlich noch.

~

Um sich diebisch zu freuen, muss man kein Langfinger sein.

~

Wer eine zweite Meinung einholt, vermehrt nur die Verwirrung.

~

Nicht alles, was machbar, ist auch für jeden nachvollziehbar.

~

Von nichts hat er Ahnung – er könnte ein Quantenphysiker sein.

~

Wer clever ist, springt nachts über seinen Schatten.

~

In der Theorie hört sich fast alles gut an.

~

Tatsachen sprechen für sich, Gerüchte tragen die Leute weiter.

~

Gab es ein Leben vor der PlayStation?

~

Das Chaos ist komplett, wenn der Letzte mitmacht.

~

„Es war einmal …" – so beginnen Märchen und Rückblicke.

~

Nicht selten ist das Umdenken ein Weiterdenken.

~

Nicht alle, die nachdenken, kommen zu Ergebnissen.

~

Ein Computer, der nicht benutzt wird, ist vermutlich kaputt.

~

Geld regiert die Welt? Meine paar Euro ganz sicher nicht!

~

Früher gab es zwei Brüder Grimm, heute hunderte Politiker.

~

Typisch Gastwirte – setzen alles auf eine Karte.

~

Alle Türen stehen dir offen und du beklagst, dass es zieht …

~

Ich glaube daran, dass ich bin, mehr muss ich nicht denken.

~

Die kürzeste aller Strähnen ist die vom Glück.

~

Gott liebt uns alle, wenn auch nur platonisch.

~

Ich teile deine Meinung, wenn du das Praktische übernimmst.

~

———

Ein Neubeginn ist eben kein Alles-auf-Anfang-Setzen.

~

Menschen ohne Fehler leben ohne jede Natürlichkeit.

~

Man weiß, wozu C. fähig, aber nicht, was er zu leisten vermag.

~

Vergängliche Augenblick (der): auch „Gegenwart" genannt.

~

Am Tag der offenen Tür ist es normal, diese einzurennen.

~

Aufrichtig zu sein beinhaltet mehr, als nur aufrecht zu gehen.

~

Alltag ist all das, was täglich nervt.

~

Wer eine lange Leitung hat, muss zum Verteiler weit laufen.

~

Zeit ist genug vorhanden, knapp bemessen jedoch die eigene.

~

Was ein Luftschloss ist, muss jeder mit sich selbst ausmachen.

~

Einem Weichei hilft das Abschrecken nicht wirklich weiter.

~

Wer in Richtung Osten reist, landet irgendwann im Westen.

~

Gib nie bei einem Grobschmied feines Blech in Auftrag.

~

Hin- und hergerissen, bleibt nichts am Ende mittig liegen.

~

Wer zu weit geht, nimmt Rückwege in Kauf.

~

Bekanntlich liegt in der Ruhe die Kraft; lass sie ruhen …

~

Im Namen des ungefragten Volkes …

~

Über die meisten Ohren verfügen regierende Halbgötter …

~

Nicht jeder, der liebt, weiß, worauf er sich einlässt.

~

Am Zähneklappern gibt sich der Ängstliche zu erkennen.

~

Wer sich selbst belügt, macht den Medien Konkurrenz.

~

Alles, was die Menschheit erringt, dient der Nutzung auf Zeit.

~

Der helle Wahnsinn, was im Dunkeln so alles passiert.

~

Die Auflage eines Buches verrät nichts über dessen Aussage.

~

Die Börse ist als Kirche des Geldes zu bezeichnen.

~

Es ist naiv, wer glaubt, dem Altruismus gehöre die Zukunft.

~

Es war einmal – ein Land der Dichter und Denker …

~

Außer der Form kann kein solider Inhalt existieren.

~

Er ist von Kopf bis Fuß auf Faulheit eingestellt …

~

Je später der Abend, desto kürzer die Nacht …

~

Glatzköpfigen bleibt es erspart, Friseure zu unterhalten.

~

Das Gestern erweist sich als jüngstes Glied der Vergangenheit.

~

Selbst die falschen Wege sind gut ausgeschildert und befestigt.

~

Die Feindbilder sind vorhanden, wenn auch nicht in Öl gemalt.

~

„Lass es mich so sagen!" – „Auch da sprichst du in Rätseln!"

~

Der Mensch ist gut, nur besinnt er sich viel zu selten darauf.

~

Eine Meinung zu haben, setzt keinerlei Ahnung voraus.

~

Alles hat seinen Preis, sogar die Käuflichkeit.

~

Wer die Kugelgestalt der Erde anzweifelt, hat eine Scheibe.

~

Der Wahrheit im Wein ziehe ich die im tagtäglichem Alltag vor.

~

Ehe die Welt verbessert wird, muss der Mensch in Behandlung.

~

Wer meint, peilt eine temporäre Ansicht über den Daumen an.

~

Das Leben ist weit mehr als die bloße zeitliche Existenz.

~

Läuft der Wasserhahn, so bleibt er doch an Ort und Stelle.

~

So lange man noch Pläne hat, bleibt kein Gedanke an den Tod.

~

Urlaub (der): Freigang von den Pflichten.

~

Gegen den Wind spucken: auch eine Form von Selbstkritik.

~

Er blieb zu Hause, sah online zu und enthielt sich der Stimme.

~

Erst mal an den Tisch setzen, das Gespräch kommt beim Essen …

~

Wer mit dem Alltag vertraut ist, bringt Wesentliches zu Papier.

~

Im Wort „Regierung" fiel mir neulich die Silbe „gier" auf …

~

Auch wer verliert, sollte dies mit Anstand tun.

~

Einen Lebensplan aufzugeben heißt, sich selbst untreu zu werden.

~

Versteinerungen findet man im Gelände und auf Ämtern vor.

~

Bares, Bares über alles …

~

Beim Lesen betritt man eine andere Welt.

~

Getreu dem Motto „Jeder tut, was er kann!" tat C. nichts.

~

Die wahre Größe variiert von Mensch zu Mensch.

~

Das süßeste Obst hängt stets am höchsten Ast.

~

Jenseits von Gut und Böse ist nichts mehr menschlich.

~

———